孟子·荀子

线装国学经典

第一册

〔战国〕孟子 荀子 著
李楠 编译

图书在版编目（CIP）数据

孟子／［战国］孟子著；李楠编译. 荀子／［战国］荀子著；李楠编译. —北京：北京工艺美术出版社，2019.1

（线装国学经典）

ISBN 978-7-5140-1612-3

Ⅰ. ①孟… ②荀… Ⅱ. ①孟… ②荀… ③李… Ⅲ. ①儒家 Ⅳ. ①B222

中国版本图书馆CIP数据核字（2018）第212472号

出 版 人：陈高潮
责任编辑：赵震环
装帧设计：书心瞬意
责任印制：宋朝晖

孟子
［战国］孟子 著 李楠 编译

荀子
［战国］荀子 著 李楠 编译

出　　版　北京工艺美术出版社
发　　行　北京美联京工图书有限公司
地　　址　北京市朝阳区化工路甲18号
　　　　　中国北京出版创意产业基地先导区
邮　　编　100124
电　　话　（010）84255105（总编室）
　　　　　（010）64283630（编辑室）
　　　　　（010）64280045（发　行）
传　　真　（010）64280045/84255105
网　　址　www.gmcbs.cn
经　　销　全国新华书店
印　　刷　三河市文通印刷包装有限公司
开　　本　889毫米×1194毫米　1/16
印　　张　40
版　　次　2019年1月第1版
印　　次　2019年1月第1次印刷
印　　数　1～3000
书　　号　ISBN 978-7-5140-1612-3
定　　价　380.00（全四册）

前言

《孟子》是阐述哲学、社会思想的语录体著作，共七篇十四卷，记录孟轲的言行，反映孟子的思想，一般认为是孟子与他的门人一起完成的。

《孟子》原来只是一般性的儒家著作，不属于儒家经典之列。从唐代开始，由于儒家『道统』说的提出，《孟子》的地位有所提高，孔、孟并称的提法日益增多。到了宋代，统治者正式将《孟子》升格为『经』，经过南宋淳熙年间理学家的大力提倡及朱熹《四书》的编撰，《孟子》作为儒家经典的地位正式固定下来。

《孟子》一书内容非常丰富，集中表现了孟子的哲学、政治、伦理、经济与教育多方面的思想，是人们了解和研究孟子的重要历史资料。而且《孟子》说理严密，行文流畅，并且富有强烈的感情色彩，气势磅礴，是先秦诸子散文的代表作，具有较高的文学价值。

《荀子》是战国末期著名思想家荀况所撰的一部思想著作，现存二十卷共三十二篇，成书于战国末年。《荀子》一书除个别几篇为其学生著外，绝大部分出自荀子的手笔。

《荀子》在体例上与《论语》《孟子》不同，它是由三十二篇独立的论文编排辑集而成，每一篇都有一独立的中心思想或论题，篇名大都直接表明该篇的主旨。简言之，孟轲是由『内圣』而『外王』，荀况则由『外王』而『内圣』。这种对人的理解的不同，导致了荀、孟在一系列问题上的分歧和对立，形成了荀况独树一帜的人学体系。这也就构成了《荀子》一书的思想特色。

在《荀子》一书中，荀况对人与自然的关系思考占有相当重要的地位，形成了『明与天人之分』『制天命而用之』的天人观，为后世的许多思想家所继承和发挥。《荀子》所提出的『形具而神生』的形神观，也为以后的许多思想家所汲取和传播，从而在中国古代哲学史上第一次确立了唯物主义的形神一元论。《荀子》关于『礼』的理论对中国古代社会的礼仪规范也产生了直接影响。总之，《荀子》的思想相当丰富，对中国文化发展产生了多方面的重要影响。

目录

第一册

第二册

离娄下

第三册

荀子

第四册

孟子

梁惠王上

第一章

【原文】

孟子见梁惠王①。王曰：『叟②不远千里而来，亦③将有以利吾国乎？』

孟子对曰：『王何必曰利？亦有仁义而已矣。王曰「何以利吾国」，大夫曰「何以利吾家」，士、庶人曰「何以利吾身」，上下交征④利而国危矣。万乘之国⑤，弑其君者必千乘之家⑥；千乘之国，弑其君者必百乘之家。万取千焉，千取百焉，不为不多矣。苟为后义而先利，不夺不餍⑦。未有仁而遗⑧其亲者也，未有义而后其君者也。王亦曰仁义而已矣，何必曰利？』

【注释】

①梁惠王：即魏惠王，名。

②叟（sǒu）：对老年男子的尊称。

③亦：只。

④交征：相互夺取。

⑤千乘之国、万乘之国：乘（shèng）：车辆叫乘。春秋时甲车一乘，配甲士三人，步卒七十二人。万乘之国指拥有万乘兵车的国家，千乘之国指拥有千乘兵车的国家。弑（shì）：古人称臣杀君，子杀父母为弑。

⑥千乘之家，百乘之家：家，指大夫的封邑。春秋时，大夫皆拥有兵车，有的可拥千乘，有的可拥百乘。

⑦餍（yàn）：满足。

⑧遗：遗弃。

【译文】

孟子拜见梁惠王。惠王道：『老先生不远千里前来，将会带给我们国家什么利益吗？』

孟子答道：『大王何必讲什么利益呢？只要有仁义就够了。大王如果说「如何才能对我国有利」？大夫说「如何才能对我的家族有利」？一般士子、平民说「如何才能对我自身有利」？如此这般，上上下下就会相互争夺，国家就会危险了。在拥有万乘兵车的国家，杀死它的国君的人，必定是拥有千乘兵车的大夫；在拥有千乘兵车的国家，杀死它的国君的人，必定是拥有百乘兵车的大夫。在万乘兵车的国家中拥有千乘兵车，在千乘兵车的国家中拥有百乘兵车，不能说不是很多的了。如果把义放在后边而先求得自己的私利，那么那些大夫不去夺取国君的位置是决不会满足的。没有讲仁德的人会抛弃父母的，也没有讲义的人而不顾及君王的。大王只说说仁义罢了，何必去谈利呢？』

第二章

【原文】

孟子见梁惠王。王立于沼上，顾鸿雁麋鹿，曰：『贤者亦乐此乎？』孟子对曰：『贤者而后乐此，不贤者虽有此，不乐也。《诗》云：「经始灵台，经之营之，庶民攻之①，不日成之②。经始勿亟③，庶民子来[4]。王在灵囿，鹿攸伏[5]，鹿濯濯[6]，白鸟鹤鹤[7]，王在灵沼，于鱼跃[8]。』文王以民力为台为沼，而民欢乐之，谓其台曰灵台，谓其沼曰灵沼，乐其有麋鹿鱼鳖。古之人与民偕乐，故能乐也。《汤誓》曰[9]：『时日害丧，予及女偕亡。』民欲与之偕亡，虽有台池鸟兽，岂能独乐哉？』

【注释】

①攻：治也，工作也。

②不日：不到一天。

③经始勿亟：这是文王所说。亟，急也。

④子：形容词，像儿子一样。

⑤鹿攸伏：音yōu，母鹿。攸，用同『所』字。

⑥濯濯：肥而光泽貌。

⑦鹤鹤：羽毛洁白貌。

⑧于：于音wū，语首助词，无义。

⑨《汤誓》：《尚书》中的一篇，为商汤伐桀誓师之词。时日害丧：时，此也。害，同『曷』，何也，何时也。

【译文】

孟子晋见梁惠王。王站在池塘边，一边欣赏着鸟兽，一边说道：『有德行的也享受这种快乐吗？』孟子答道：『只有有德行的人才能体会到这种快乐，没有德行的人纵然有这一切，也没法享受。怎么这样说呢？

我拿周文王和夏桀的史实做例子来说明吧。《诗经·大雅·灵台篇》中写道：「开始筑灵台，经营又经营。大家齐努力，很快就完成。王说不要急，百姓更卖力。王到鹿苑中，母鹿正安逸。母鹿亮又肥，白鸟羽毛洁。王到灵沼上，满池鱼跳跃。」周文王虽然用了百姓的力量来筑高台挖深池，可是百姓高兴这样做，他们管这台叫「灵台」，管这池叫「灵沼」，还高兴那里有许多麋鹿和鱼鳖。古时候的圣君贤王因为能与老百姓一同快乐，所以能得到真正的快乐。〔夏桀恰恰相反，百姓诅咒他死，他却自比太阳道，太阳什么时候消灭，我才什么时候死亡。〕《汤誓》中便记载着老百姓的怨歌：「太阳呀，你什么时候灭亡呢？我宁肯和你一道去死！」老百姓恨不得与他同归于尽，纵然有高台深池，奇禽异兽，他又怎么能够独自享受呢？』

第三章

【原文】

梁惠王曰：『寡人之于国也，尽心焉耳矣。河内凶[①]，则移其民于河东[②]，移其粟于河内。河东凶亦然。察邻国之政，无如寡人之用心者。邻国之民不加少[③]，寡人之民不加多，何也？』

孟子对曰：『王好战，请以战喻。填然鼓之[④]，兵刃既接，弃甲曳兵而走[⑤]，或百步而后止，或五十步而后止。以五十步笑百步，则何如？』

曰：『不可。直[⑥]不百步耳，是亦走也。』

曰：『王如知此，则无望民之多于邻国也。不违农时，谷不可胜食也；数罟不入洿池[⑦]，鱼鳖不可胜食也；斧斤以时入山林，材木不可胜用也。谷与鱼鳖不可胜食，材木不可胜用，是使民养生、丧死无憾也。养生、丧死无憾，王道⑧之始也。五亩之宅，树之以桑，五十者可以衣帛矣；鸡豚狗彘之畜，无失其时，七十者可以食肉矣；百亩之田，勿夺其时，数口之家可以无饥矣；谨庠序⑨之教，申之以孝悌之义，颁白者不负戴于道路矣。七十者衣帛食肉，黎民不饥不寒，然而不王者，未之有也。狗彘食人食而不知检，涂有饿莩而不知发，人死，则曰：『非我也，岁也。』是何异于刺人而杀之，曰：『非我也，兵也。』王无罪岁，斯天下之民至焉。』

【注释】

①凶：指农业歉收之年。

②河内、河东：均为魏国的土地，以黄河为界而言方向。

③加少：『减少』的意思。

④填：敲鼓的声音。

⑤走：此指逃跑。

⑥直：『但』『只不过』的意思。

⑦数罟：细密的渔网。：水塘。

⑧王道：君主以仁义治天下的政策。

⑨庠序：古代的学校。颁白：头发花白，指老年人。负戴：肩背、头顶，此泛指繁重的体力劳动。发：发仓廪以赈灾。

【译文】

梁惠王说：『我治理国家，真是费尽了心机。河内遭了灾，粮食歉收，我就把河内的一些百姓迁移到河东去，又把河东的粮食运到河内来赈济百姓。若是河东遭了灾也是这样。考察邻国治理国家，没有像我这样用心尽力的。可是，邻国的百姓也没有减少，我国的百姓也没有增多，这是为什么呢？』

孟子回答道：『大王好打仗，请让我用打仗来做比喻。战鼓隆隆，刀枪相接，面对面搏杀，打了败仗的一方丢盔弃甲，拖着兵器逃跑，有些人跑了一百步后停了下来，有些人只跑了五十步就停下来了。那些只跑了五十步的人就嘲笑跑了一百步的人胆小怕死，结果会怎样呢？』

梁惠王说：『那些嘲笑别人胆小怕死的人，不过是不到一百步罢了，实质上也是逃跑了。』

孟子说：『大王既然懂得这个道理，就不会再企望自己的百姓多于邻国。如果不违背农时，收获的粮食就吃不完；不用细密的渔网在池塘里打鱼，鱼鳖就吃不完；有节制地进入山林砍伐木柴，木材也就用不完。粮食和鱼鳖吃不完，木材也用不完，就能使百姓对养生送死都没有什么可遗憾的。对养生送死没有遗憾，这就是以仁义治理天下的开始。五亩大的宅院，种上桑树，五十岁以上的人就可以穿上丝帛衣服。家禽家畜的饲养，都有一定的规矩，七十岁以上的老人就能有肉吃。在百亩的田地中，按照农时来进行耕种，一家人都不再挨饥受饿。认真办好学校，反复宣讲孝悌的道理，头发花白的老人就不会背负着重物在路上行走。七十岁的老人有丝帛衣服穿，有肉吃，老百姓不挨冻受饿，能做到这一步而不被百姓拥护称王的，从来没有过。但若是富人家的猪狗和人吃得一样好，却没有人去制止，道路上有饿死的人却还不发粮赈济。百姓饿死了，却说：「不是我的错，是年成不好。」这和用兵器杀了人，却说「不是我杀的人，是兵器杀的」

有什么两样？大王不再归罪于年成不好，这样天下的百姓就来归顺您了。』

第四章

【原文】

梁惠王曰：『寡人愿安承教①。』

孟子对曰：『杀人以梃与刃，有以异乎②？』

曰：『无以异也。』

『以刃与政，有以异乎？』

曰：『无以异也。』

曰：『庖有肥肉，厩有肥马③，民有饥色，野有饿莩，此率兽而食人也。兽相食，且人恶之④；为民父母行政，不免于率兽而食人，恶在其为民父母也⑤？仲尼曰：「始作俑者，其无后乎！」为其象人而用之也。如之何其使斯民饥而死也？』

【注释】

①安：安心乐意，作动词『承』的状语。承：接受。

②梃（tǐng）：棍棒。

③庖（páo）：厨房。厩（jiù）：马棚，也泛指牲口棚。

④且：尚且，作副词用。恶（wù）：讨厌。

⑤恶（wū）在：恶同『乌』，疑问代词，恶在，跟说『何在』相似。

【译文】

梁惠王（对孟子）说：『我愿乐意地接受您的教导。』

孟子回答道：『用棍棒和用刀子杀害人，有什么不同吗？』

惠王说：『没有什么不同。』

（孟子紧接上去问道：）『用刀子和用政治杀害人有什么不同吗？』

惠王说：『没有什么不同。』

孟子说：『厨房里摆着肥美的肉食，马栏里关着膘肥体壮的马匹，老百姓却面有饥色，田野上横陈着饿死者的尸体，这无异于赶着兽类去吃人。兽类自相残食，人们尚且憎恶他们这种行为；那些号称为民父母的执政者，办理政事时，不免于出类似驱赶兽类去吃人的勾当来，那么，他们作为人民父母的意义又在哪里呢？孔仲尼说过一句这样的话：「第一个制作殉葬用的木（土）偶的人，该会没有后代留下吧！」（孔子对这个为什么要深恶痛绝呢？）就因为用了像人形貌的木（土）偶去殉葬。（照这样看来，办理政事的人）又怎么可以使这些老百姓饥饿至死呢？』

第五章

【原文】

梁惠王曰：『晋国①，天下莫强焉，叟之所知也。及寡人之身，东败于齐，长子死焉；西丧地于秦七百里；

南辱于楚。寡人耻之，愿比死者壹洒之②，如之何则可？』

孟子对曰：『地方百里而可以王。王如施仁政于民，省刑罚，薄税敛，深耕易耨③。壮者以暇日修其孝悌忠信，入以事其父兄，出以事其长上，可使制④梃以挞秦楚之坚甲利兵矣。

彼夺其民时，使不得耕耨以养其父母；父母冻饿，兄弟妻子离散。彼陷溺其民，王往而征之，夫谁与王敌？故曰：「仁者无敌。」王请勿疑。』

【注释】

①晋国：即魏国，不是三家分晋的晋国。

②洒（xǐ）之：洒同『洗』。洒之，洗去耻辱。

③耨（nòu）：锄草。

④制（chè）：同『掣』，拉、拽、拿起来。

【译文】

梁惠王说：『魏国的强大，在当时天下是没有别的国家能够赶得上的，这一点，您自然很清楚。但到了我这时代，东边和齐国打了一仗，杀得我大败，连我的大儿子都牺牲了；西边又败给秦国，丧失了河西的地方七百里之多；南边又被楚国抢去了八个城池。我实在认为这是奇耻大辱，希望能够替我国所有的战死者报仇雪恨，您说该怎么办才行？』

孟子回答道：『只要有纵横一百里的小国，就可以实行仁政而使天下归服，何况魏国还是个大国呢！您如果向百姓推行仁政，减少刑罚，减轻赋税，叫百姓能够深耕细作，勤除荒草；还使年轻的人在闲暇时间来讲求孝顺父母、敬爱兄长，为人尽心竭力，待人忠诚守信的道德，而且运用这些道德，在家就来侍奉父兄，上朝就来尊敬上级，这样，就是拿着木棒也可以抗击拥有坚实盔甲、锐利刀枪的秦楚军队了。

那秦国、楚国经常征兵，侵占了百姓的生产时间，使他们不能耕种来养活父母。他们的父母挨饿受冻，兄弟妻子东逃西散。秦王、楚王使他们的百姓陷于痛苦的深渊中。您去讨伐他，那有谁来抵抗您呢？所以老话曾经说过：「仁德的人是无敌于天下的。」您不要怀疑了吧！』

第六章

【原文】

孟子见梁襄王①。出，语人曰：『望之不似人君，就之而不见所畏焉。卒然②问曰：「天下恶乎定？」』

『吾对曰：「定于一。」』

『「孰能一之？」』

『对曰：「不嗜杀人者能一之。」』

『「孰能与之③？」』

『对曰：「天下莫不与也。王知夫苗乎？七八月④之间旱，则苗槁矣。天油然作云，沛然下雨，则苗浡然兴之矣⑤。其如是，孰能御之？今夫天下之人牧⑥，未有不嗜杀人者也。如有不嗜杀人者，则天下之民皆引领而望之矣。诚如是也，民归之，由水之就下⑦，沛然谁能御之？」』

【注释】

①梁襄王：梁惠王的儿子，名嗣（sì）。

②卒（cù）然：同『猝然』，突然。

③孰（shú）能与之：孰，谁。与，从，跟随。

④七八月：周代历法，七八月相当于今天的农历五六月。

⑤浡（bó）然兴之矣：然，猛然。兴，兴起。之和矣都是语气词。

⑥人牧：治理人民的人，指国君。

⑦由水之就下：由，同『犹』，如同，好像。水之就下，水向下流。

【译文】

孟子谒见了梁襄王，出来以后，告诉人说：『远远望去，不像个国君的样子；走近他，也看不到他的威严。他突然问我：「天下要怎样才能安定呢？」

「我回答道：「天下归于一统，就能安定。」

「他又问：「谁能统一天下呢？」

「我又回答道：「不好杀人的国君，就能统一天下。」

「他又问：「那有谁来跟随他呢？」

「我又回答道：「天下的人没有不跟随他的。您懂得禾苗的情况吗？当七八月间，若是长期不下雨，禾苗自然就枯萎了。如果是一阵乌云出现，哗啦哗啦地下起大雨来，禾苗就又猛然茂盛地生长起来。像这样，有谁能够阻挡得住呢？如今各国的君王，没有一个不好杀人的。如果有一位不好杀人的君王，那么，天下的百姓就会伸长脖子期待他来解救了。真是这样，百姓归附于他，跟随他走，好像水向下奔流一样，又有谁能够阻挡得住呢？」』

第七章

【原文】

齐宣王问曰：『齐桓、晋文[1]之事，可得闻乎？』

孟子对曰：『仲尼之徒无道桓、文之事者，是以后世无传焉，臣未之闻也。无以则王乎？』

曰：『德何如则可以王矣？』

曰：『保民而王，莫之能御也。』

曰：『若寡人者，可以保民乎哉？』

曰：『可。』

曰：『何由知吾可也？』

曰：『臣闻之胡龁曰：王坐于堂上，有牵牛而过堂下者，王见之，曰：「牛何之？」对曰：「将以衅钟[2]。」王曰：「舍之！吾不忍其觳觫[3]，若无罪而就死地。」对曰：「然则废衅钟与？」曰：「何可废也？以羊易之！」——不识有诸？』

曰：『有之。』

曰：『是心足以王矣。百姓皆以王为爱也，臣固知王之不忍也。』

王曰：『然，诚有百姓者。齐国虽褊④小，吾何爱一牛？即不忍其觳觫，若无罪而就死地，故以羊易之也。』

曰：『王无异于百姓之以王为爱也。以小易大，彼恶知之？王若隐⑤其无罪而就死地，则牛羊何择焉？』

王笑曰：『是诚何心哉？我非爱其财而易之以羊也。宜乎百姓之谓我爱也。』

曰：『无伤也，是乃仁术也，见牛未见羊也。君子之于禽兽也，见其生，不忍见其死；闻其声，不忍食其肉。是以君子远庖厨也。』

王说⑥曰：『《诗》云：「他人有心，予忖度之。」夫子之谓也。夫我乃行之，反而求之，不得吾心。夫子言之，于我心有戚戚焉。此心之所以合于王者，何也？』

曰：『有复于王者曰：「吾力足以举百钧⑦，而不足以举一羽；明足以察秋毫之末，而不见舆薪。」则王许之乎？』

曰：『否。』

『今恩足以及禽兽，而功不至于百姓者，独何与？然则一羽之不举，为不用力焉；舆薪之不见，为不用明焉；百姓之不见保，为不用恩焉。故王之不王，不为也，非不能也。』

曰：『不为者与不能者之形何以异？』

曰：『挟太山以超北海，语人曰：「我不能。」是诚不能也。为长者折枝⑧，语人曰：「我不能。」是不为也，非不能也。故王之不王，非挟太山以超北海之类也；王之不王，是折枝之类也。

『老吾老，以及人之老；幼吾幼，以及人之幼。天下可运于掌。《诗》云：「刑于寡妻，至于兄弟，以御于家邦。」言举斯心加诸彼而已。故推恩足以保四海，不推恩无以保妻子。古之人所以大过人者，无他焉，善推其所为而已矣。今恩足以及禽兽，而功不至于百姓者，独何与？

『权，然后知轻重；度，然后知长短。物皆然，心为甚。王请度之！

『抑王兴甲兵，危士臣，构怨于诸侯，然后快于心与？』

王曰：『否。吾何快于是？将以求吾所大欲也。』

曰：『王之所大欲，可得闻与？』

王笑而不言。

曰：『为肥甘不足于口与？轻暖不足于体与？抑为采色不足视于目与？声音不足听于耳与？便嬖⑨不足使令于前与？王之诸臣皆足以供之，而王岂为是哉？』

曰：『否。吾不为是也。』

曰：『然则王之所大欲可知已。欲辟土地，朝秦楚，莅中国而抚四夷也。以若所为，求若所欲，犹缘木而求鱼也。』

王曰：『若是其甚与？』

曰：『殆有甚焉。缘木求鱼，虽不得鱼，无后灾。以若所为，求若所欲，尽心力而为之，后必有灾。』

曰：『可得闻与？』

曰：『邹人与楚人战，则王以为孰胜？』

曰：『楚人胜。』

曰：『然则小固不可以敌大，寡固不可以敌众，弱固不可以敌强。海内之地，方千里者九，齐集有其一。以一服八，何以异于邹敌楚哉？盖亦反其本矣。

『今王发政施仁，使天下仕者皆欲立于王之朝，耕者皆欲耕于王之野，商贾皆欲藏于王之市，行旅皆欲出于王之涂，天下之欲疾其君者皆欲赴诉于王。其若是，孰能御之？』

王曰：『吾惽，不能进于是矣。愿夫子辅吾志，明以教我。我虽不敏，请尝试之。』

曰：『无恒产而有恒心者，惟士为能。若民，则无恒产，因无恒心。苟无恒心，放辟邪侈，无不为已。及陷于罪，然后从而刑之，是罔民也。焉有仁人在位，罔民而可为也？是故明君制民之产，必使仰足以事父母，俯足以畜妻子，乐岁终身饱，凶年免于死亡；然后驱而之善，故民之从之也轻。

『今也制民之产，仰不足以事父母，俯不足以畜妻子，乐岁终身苦，凶年不免于死亡。此惟救死而恐不赡，奚暇治礼义哉？

『王欲行之，则盍反其本矣：五亩之宅，树之以桑，五十者可以衣帛矣；鸡豚狗彘之畜，无失其时，七十者可以食肉矣；百亩之田，勿夺其时，八口之家可以无饥矣；谨庠序之教，申之以孝悌之义，颁白者不负戴于道路矣。老者衣帛食肉，黎民不饥不寒，然而不王者，未之有也。』

【注释】

①齐桓、晋文：指齐桓公、晋文公，在春秋时期先后称霸。

②衅（xìn）钟：衅是一种血祭，在重要器物或宗庙等建筑落成之时，宰杀活物以祭祀，相当于『落成典礼』。这里指祭祀一口钟的落成。

③觳觫（húsù）：恐惧发抖的样子。
④褊（biǎn）：小。
⑤隐：这里指可怜。
⑥说：同悦，高兴。
⑦钧：古代重量单位，30斤为一钧。
⑧折枝：弯腰行礼。
⑨便嬖（pián bì）：君王身边受宠幸的人。士：指士人。罔：同网。赡（shàn）：足够。盍（hé）：何不。

【译文】

齐宣王问孟子：『齐桓公、晋文公春秋称霸的事迹，可以讲给我听吗？』

孟子回答道：『孔夫子的学生，没有谈论齐桓公、晋文公事迹的，所以春秋以后就没有流传下来，我也没有听到过。如果您一定要听听，那么谈谈以德称王的「王」道如何呢？』

宣王道：『以德怎样才可以称王呢？』

孟子回答：『用使百姓安定的「保民」的方法称王，没有人可以阻挡。』

宣王问：『像我这样的人，可以做到「保民」吗？』

孟子回答：『可以。』

宣王问：『你根据什么来说我可以呢？』

孟子回答：『我曾听到胡龁说过这样一件事：王坐在殿堂之上，有一个人牵着牛从殿前走过，您见到了，问道：「这头牛要牵到哪儿去？」回答道：「准备宰了祭钟。」您说：「放了它吧！我不忍心看到它哆嗦，毫无罪过而被送到屠宰场。」牵牛人问道：「那么，废除祭钟的礼仪吗？」您说：「怎么能废除呢？用羊来代替！」——不知道有这回事吗？」

宣王道：「有这回事。」

孟子道：「有这样的心足可以称王天下了。百姓都以为王是吝啬爱财，我原就知道您有『不忍』之心。」

宣王道：「是啊，的确有这样的百姓。齐国虽然小，我何至于吝惜一头牛？只不过不忍心看到它哆嗦，毫无罪过就被送进屠宰场，所以用羊来代替牛。」

孟子说：「百姓认为您吝啬爱财，您不必奇怪。用小的来代替大的，老百姓哪里知道您的心思呢？不过，您如果可怜它无罪而送死这一点，那么牛与羊有什么区别呢？」

宣王笑道：「实在说来，这是一种什么样的想法」〔我自己也说不清楚。〕我的本意并不为了爱财而用羊代替牛。〔但从表面上看，〕百姓说我是吝啬爱财，说得也在理。」

孟子说：「没有关系，仁爱的道理就是这样〔在具体环境中体现〕，只不过您见到了牛而没有见到羊罢了！君子对于禽兽动物，看见它活着，不忍心见到它死去；听到它的哀鸣声，不忍心吃它的肉。所以君子都离厨房远远的。」

宣王很高兴，说道：「《诗经》上说：『别人的心思，我能揣摩到。』您正是这样的人。而我呢，做这件事后回头自问，却体会不到自己的心理。您说到了我的心上，〔所以〕我的心也有感而动。我的内心之所以合于王道仁术，是什么原因呢？」

孟子说：『如果有人向您报告说：「我的力气足可以举起一百钧的重物，却不能托起一支羽毛；我的视力足可以分辨秋天鸟羽尖端的细毛，却看不见一车子木柴。」那么您赞成这种话吗？』

宣王回答：『不赞成。』

孟子又说：『如今您的恩泽大到可以施及于鸟兽，而人民百姓却偏偏享受不到，这是为了什么呢？而那些托不起一支羽毛的人，是因为不用臂力的缘故；看不见一车木柴的人，是因为不用视力的缘故；人民百姓得不到保护，是因为不施行恩泽的缘故。所以说，您没有成为仁德的圣王，只是不肯去做，而不是不能做到。』

宣王问道：『不肯去做与不能做到，在现象上有什么区别吗？』

孟子回答：『如果说用胳膊夹着泰山去跳过北海，对别人说：「我做不到。」这是真的做不到。要是说对岁数大的人弯腰鞠躬，对别人说：「我做不到。」这是不去做，而不是做不到。所以说，您没有成为仁德的圣王，并不是属于夹着泰山去跨过北海的一类；您没有成为仁德的圣王，是属于对岁数大的人弯腰鞠躬一类的。

『尊敬赡养我自己家中的长辈，从而推广到尊敬赡养别人家里的长辈；关怀抚养我自己家中的晚辈，从而推广到关怀抚养别人家里的晚辈。〔按此原则去做，〕天下国家的管理就如同运作在手心之内。《诗经》上说：「先给妻子做榜样，然后推广到兄弟，最后推广到宗室以至国家。」这不过就是说，用同样的「心」扩充到其他的方面〔并不是难以做到的事情〕。所以说，推广扩大恩惠，足可以保卫四海的安定，否则，连自己的妻子儿女也保护不了。古代的圣人之所以大大地超过一般人，没有别的难以做到的特殊本领，只不过是善于由近及远地推广他发自内心的好行为。如今您的恩泽足可以达到禽兽身上，而老百姓却得不到好处，偏偏是为了什么呢？

『称一称，然后才知道轻重；量一量，然后才知道长短。事物都是一样的道理，人的心，更是如此。大王，请您好好想一想吧！

『或者说，您征集调动军队，让将士冒战争危险，与其他诸侯国结下怨仇，然后心里才感到愉快吗？』

宣王答道：『不。我怎么能以这些为愉快呢？我这样做，不过是为了使我最大的欲望得到满足。』

孟子说：『您的最大欲望，可以说给我听吗？』

宣王只是笑，没有回答。

孟子问：『是肥美的食物不能满足口腹的欲求吗？是轻暖的衣服不能满足自身的欲求吗？还是缤纷的色彩不能满足视觉的欲求？美妙的音乐不能满足听觉的欲求？宠幸的人不能随您使唤？您的臣下们足可以把这些供奉给您，难道您就是为了这些吗？』

宣王答道：『不。我不是为了这些。』

孟子说：『那样的话，您的最大欲望我可以知道了。您想要扩大领土，使秦国、楚国都来朝贡，君临中国而安抚四周的外族。但是，以您的所作所为，来求得您的欲望，就好比是爬到树上却想抓住鱼一样。』

宣王问：『真的有如此严重吗？』

孟子回答：『可能比这还严重。爬到树上去抓鱼，虽然得不到鱼，却没有灾祸。而以您的所作所为去求取您的欲望，尽心尽力地去做，结果必定有灾祸。』

宣王问：『能说给我听听吗？』

孟子说：『如果邹国与楚国打仗，那么您以为谁能得胜？』

宣王答：『楚国胜。』

孟子说：『这就是说，小国必定打不过大国，人口稀少的必定打不过人口众多的，弱国必定打不过强国。四海之内的土地，方圆一千里的有九块，齐国加起来也就是九分之一。以九分之一去征服九分之八，这跟邹国与楚国打仗有什么区别呢？〔所以，〕还是要返回根本上来讨论。

『如今王如果施行仁政，使天下做官的人都想为齐国的朝廷服务，天下的农民都想在齐国的土地上耕种，天下的商人都想把货物囤藏于齐国的集市，天下的行人客旅都想出入齐国的道路，天下的那些怨恨本国君主的人都想赶来向您诉说。如果情况是这样，谁能抵挡得住您呢？』

宣王道：『我头脑糊涂，不能达到您所说的境界。希望先生您辅佐我的志向，明确地教导我。我虽然不聪明机敏，也愿意试一试。』

孟子说：『没有固定的产业收入而有坚定不变的道德理想和行为准则的，只有士人才能做得到。至于黎民百姓，如果没有固定的财产和收入，也就没有坚定不变的道德理想和行为准则。如果是这样，他们就行为越轨，为所欲为，什么事都干得出来。直到犯了罪，然后处之以刑罚，这就等于张开法网让百姓钻进去。哪有仁爱之人坐王位而让百姓自投法网的事呢？所以说，圣明的君王规定百姓的产业，一定要做到使百姓上足以赡养父母，下足以抚养妻子儿女，年成好，一年到头吃饱穿暖，遇到灾年也不至于饿死；在这样的基础上引导百姓走上礼义之路，老百姓也就很容易做到。

「如今规定的百姓产业，使他们上不足以赡养父母，下不足于抚养妻子儿女，年成好也是辛劳困苦，遇到灾年则免不了流徙死亡。这样的话百姓只图保自己的活命恐怕都来不及，哪里还有闲工夫来学习礼义道德呢？

「您想要施行仁政，那么为什么不从根本上着手呢？五亩大小的宅院，种植上桑树，五十岁的人便可以穿上丝帛衣衫；鸡狗猪的畜养，都有一定之规，七十岁的老人就可以有肉吃了；在百亩之大的田地中，按节气播种耕耘，一大家子人就可以不受饥饿了；认真地办好学校，反复地宣讲孝悌的道理，头发斑白的老人也就不会肩背身扛地走在路上。老者穿丝帛、吃鱼肉，黎民百姓不挨饿受冻，达到这样的生活标准而不被百姓拥戴称王的，从来也没有过。」

梁惠王下

第一章

【原文】

庄暴[①]见孟子，曰：『暴见于王，王语暴以好乐[②]，暴未有以对也。』曰[③]：『好乐何如？』

孟子曰：『王之好乐甚，则齐国其庶几[④]乎？

他日，见于王曰：『王尝语庄子以好乐，有诸？』

王变乎色，曰：『寡人非能好先王之乐也，直好世俗之乐耳。』

曰：『王之好乐甚，则齐国其庶几乎！今之乐由古之乐也。』

曰：『可得闻与？』

曰：『独乐乐，与人乐乐，孰乐⑤？』

曰：『不若与人。』

曰：『与少乐乐，与众乐乐，孰乐？』

曰：『不若与众。』

『臣请为王言乐。今王鼓乐于此，百姓闻王钟鼓之声，管⑥之音，举⑦疾首蹙额⑧而相告曰：「吾王之好鼓乐，夫何使我至于此极也？父子不相见，兄弟妻子离散。」今王田猎于此，百姓闻王车马之音，见羽旄⑨之美，举疾首蹙额而相告曰：「吾王之好田猎，夫何使我至于此极也？父子不相见，兄弟妻子离散。」此无他，不与民同乐也。

『今王鼓乐于此，百姓闻王钟鼓之声，管之音，举欣欣然有喜色而相告曰：「吾王庶几无疾病与，何以能鼓乐也？」今王田猎于此，百姓闻王车马之音，见羽旄之美，举欣欣然有喜色而相告曰：「吾王庶几无疾病与，何以能田猎也？」此无他，与民同乐也。今王与百姓同乐，则王矣。』

【注释】

①庄暴：齐国的臣子。

②乐（yuè）：名词，音乐。

③曰：说。这里仍然是庄暴说的话。

④庶几：差不多；还不错。

⑤独乐乐，与众乐乐，孰乐：这三句中的最后一个『乐』字，读为lè，快乐的意思。一、二两句中的头一个『乐』字，仍为yuè，指音乐。

⑥管：（yuè），古代的吹奏乐器。

⑦举：全；都。

⑧疾首蹙额：蹙（cù）。疾首，头痛。蹙额，皱着额头。

⑨羽旄：旗帜，旄（máo），古代用旄牛尾装饰的旗子。

【译文】

庄暴会见孟子，说：『我被王召见，王告诉我说他喜欢音乐，我不知该怎么回答好。』〔庄暴接着〕说：『喜欢音乐！到底怎么样？』

孟子说：『王如果非常喜欢音乐，那么，齐国想来很不错吧！』

另外一天，孟子被〔齐〕王召见时问道：『王曾经告诉庄暴说您喜欢音乐，有这么回事吗？』

齐王脸色一变，说：『寡人并不是喜欢古代先王的音乐，只是喜欢一般世俗的音乐而已。』

〔孟子〕说：『王既然非常喜欢音乐，那齐国想必是很不错了，现在的音乐也是由古代音乐〔发展〕而来的呀！』

〔王〕说：『可以讲给我听听吗？』

孟子说：『个人单独欣赏音乐感到快乐，跟别人一起欣赏音乐也感到快乐，到底哪一种更快乐？』

〔王〕说：『不如跟人一起欣赏更快乐。』

〔孟子〕说：『跟少数人一道欣赏音乐感到快乐，跟多数人共同欣赏音乐也感到快乐，到底哪一种更快乐？』

〔王〕说：『不如跟多数人共同欣赏更快乐。』

〔孟子趁势接着说：〕『请允许我为王谈谈关于音乐欣赏的问题。如果王现在在这里奏乐，百姓听到王钟鸣鼓响的声音，管吹奏的声音，全都感到头疼脑涨，皱着前额互相议论：『我们的君王这样喜欢音乐，为什么让我们苦到极点呢？父子不能相见，兄弟妻子东奔西走。』如果王眼下在这里打猎，百姓听到王的车马声，看到旗帜仪仗的华丽，全都会头疼脑涨、皱紧前额互相议论说：「我们的君王这样喜欢打猎，为什么让我们苦到了极点呢？父子不能相见，兄弟妻子东奔西散。」这没有别的原因，就因为王不跟百姓一起同享欢乐啊！

『如果王现在在这里奏乐，百姓听到钟鸣鼓响的声音，管吹奏的声音，全都感到欢欣鼓舞而面带笑容地彼此议论道：「我们的君王大概无疾无痛吧！要不，怎么能够欣赏奏乐呢？」如果王眼下在这里打猎，百姓听到王的车马声，看到旗帜仪仗的华丽，全都兴高采烈、喜笑颜开地彼此议论道：「我们的君王大概身体健康、无疾无痛吧？要不，怎么能外出打猎呢？」这没有别的原因，就因为王跟百姓共同欢乐啊！当前，如果王能够做到与百姓同欢乐，那就可以实行王道〔天下归服〕了。』

第二章

【原文】

齐宣王问曰：『文王之囿①方七十里，有诸？』

孟子对曰：『于传②有之。』

曰：『若是其大乎？』

曰：『民犹以为小也。』

曰：『寡人之囿方四十里，民犹以为大，何也？』

曰：『文王之囿方七十里，刍荛③者往焉，雉兔④者往焉，与民同之。民以为小，不亦宜乎？臣始至于境，问国之大禁，然后敢入。臣闻郊关之内有囿方四十里，杀其麋鹿者如杀人之罪，则是方四十里为阱⑤于国中。民以为大，不亦宜乎？』

【注释】

①囿：畜养禽兽的园地。

②传：史传，史籍。

③刍荛（ráo）：刍，割草。荛，砍柴草的人。

④雉兔：此意为打鸟捕兽。

⑤阱：陷阱。

【译文】

齐宣王问孟子道：『周文王的狩猎场，纵横有七十里地，真有这回事吗？』

孟子回答道：『在史籍上有这样的记载。』

宣王说：『果真如此的话，文王的狩猎场是否太大了点呢？』

孟子说：『老百姓还认为太小了呢！』

宣王又说：『我自己的狩猎场才纵横四十里地，老百姓还认为太大了，是什么原因呢？』

孟子说道：『周文王的狩猎场纵横七十里，但割草打柴的，打鸟捕兽的，都去那儿，周文王是和老百姓一同享用那个地方。那么，人民群众认为太小了，不是很有道理的吗？（而您却刚好相反。）我刚到齐国边境时，问明白了在齐国最大的忌讳有哪些之后，才敢进入。我听说在齐国国都的郊外，有一个狩猎场纵横四十里地，谁杀害了里头的麋鹿，就等于犯了杀人罪。那么，这方园四十里地，对老百姓而言就像是在国土当中布置的一个大陷阱。他们认为太大了，不是很自然的事吗？』

第三章

【原文】

齐宣王问曰：『交邻国有道乎？』

孟子对曰：『有。惟仁者为能以大事小，是故汤事葛、文王事昆夷①；惟智者为能以小事大，故大王事獯鬻、句践事吴②。以大事小者，乐天者也；以小事大者，畏天者也。乐天者保天下，畏天者保其国，《诗》云：「畏天之威，于时保之。③」』

王曰：『大哉言矣！寡人有疾，寡人好勇。』

对曰：『王请无好小勇。夫抚剑疾视曰「彼恶敢当我哉」，此匹夫之勇，敌一人者也，王请大之。《诗》云：「王赫斯怒，爰整其旅④，以遏徂莒⑤，以笃周祜⑥，以对于天下。」此文王之勇也，文王一怒而安天下之民。《书》曰：「天降下民，作之君，作之师。惟曰其助上帝宠之四方，有罪无罪惟我在，天下曷敢有越厥志⑦？」一人衡行于天下，武王耻之，此武王之勇也，而武王亦一怒而安天下之民。今王亦一怒而安天下之民，民惟恐王之不好勇也！』

【注释】

①汤事葛：汤是殷商的开国君主。

②大王事獯鬻（xūn yù）：大王亦作『太王』，指周的先祖古公父；獯鬻亦作『熏育』，是当时北方的少数民族。

③于时：于是。

④爰：发语词，无义。整：整顿、整饬。旅：军队。

⑤遏：遏止、制止。徂：往。莒：通『旅』，此处指犯疆的敌军。

⑥笃：增强。祜（hù）：福祉。

⑦越：违背。厥：同『其』，代词。

【译文】

齐宣王问道：『和邻国交往有准则吗？』

孟子答道：『有的。只有仁者才能以大国侍奉小国，所以成汤侍奉葛伯、文王侍奉昆夷；只有智者才能以小国侍奉大国，所以大王侍奉獯鬻、勾践侍奉夫差。以大国侍奉小国，是安于天理；以小国侍奉大国，是敬畏天理。安于天理能保有天下，敬畏天理能保有自己的国家，《诗》说：「敬畏上天威灵，因而常得佑护。」』

宣王说：『说得好啊！可是我有缺点，我崇尚勇武。』

孟子答道：『希望大王不要崇尚小的勇武。按着刀剑、瞪着眼睛说「他怎么敢对抗我啊」，这是匹夫的勇武，只能抵敌一个人，希望大王进一步推广它。《诗》说：「文王赫然大震怒，整顿军队到前方，制止侵犯的敌人，增强周国的威望，酬答天下的向往。」这是文王的勇武，文王一怒就安定了天下的民众。《书》说：「上天降生下民，为他们降生了君王，降生了老师。唯有他们能佑助天帝绥靖四方，有罪者、无罪者都由我负责，天下有哪个人胆敢违背上天的意志？」只要有一个人在世间作乱，武王就感到耻辱，这是武王的勇武，武王也是一怒就安定了天下的民众。现在，假如大王也一怒就安定了天下的民众，民众唯恐大王不崇尚勇武呢！』

第四章

【原文】

齐宣王见孟子于雪宫①。王曰：『贤者亦有此乐乎？』

孟子对曰：『有。人不得，则非其上矣。不得而非其上者，非也；为民上而不与民同乐者，亦非也。乐民之乐者，民亦乐其乐；忧民之忧者，民亦忧其忧。乐以天下，忧以天下，然而不王者，未之有也。』

『昔者齐景公问于晏子曰②：「吾欲观于转附、朝，遵海而南③，放于琅邪；吾何修而可以比于先王观也？」』

『晏子对曰：「善哉问也！天子适诸侯曰巡狩——巡狩者，巡所守也。诸侯朝于天子曰述职——述职者，述所职也。无非事者。春省耕而补不足，秋省敛而助不给。」夏谚曰：「吾王不游，吾何以休？吾王不豫，吾何以助？一游一豫，为诸侯度。」今也不然，师行而粮食，饥者弗食，劳者弗息。睊睊胥谗④，民乃作慝⑤。方命虐民⑥，饮食若流。流连荒亡，为诸侯忧。从流下而忘反谓之流，从流上而忘反谓之连，从兽无厌谓之荒，乐酒无厌谓之亡。先王无流连之乐，荒亡之行。惟君所行也。」』

『景公悦，大戒于国，出舍于郊。于是始兴发，补不足。召大师曰⑦：「为我作君臣相说之乐！」盖《徵招》《角招》是也⑧。其诗曰：「畜君何尤？」——畜君者，好君也。』

【注释】

①雪宫：齐国离宫名。

②齐景公：春秋时齐国国君，姓姜，名杵臼。晏子：齐国大臣，名婴，字平仲。齐景公时贤相。

③转附、朝：都是山名，在山东省内。
④睊睊（juàn）：侧目而视的样子。
⑤慝（tè）：悖逆暴乱。
⑥方命：方，同『放』。命，王命。
⑦大师：即太师，乐官。
⑧《徵招》《角招》：叫太师所作的乐曲名。一说皆是调名。徵（zhǐ），古时五音：宫、商、角、徵、羽。

【译文】

齐宣王在自己的别墅雪宫里接见孟子。宣王说：『贤德的人也有这样的享乐吗？』

孟子答道：『有。人们得不到这样的享乐，就会抱怨他们的君主。当然，因得不到这种享乐便抱怨他们的君主，是不对的；作为民众的君主却不与民众一同分享这种快乐，也是不对的。君主以民众的快乐为自己的快乐，民众也以君主的快乐为自己的快乐；君主以民众的忧愁为自己的忧愁，民众也以君主的忧愁为自己的忧愁。以天下人的快乐为快乐，以天下人的忧愁为忧愁，做到这样，还不能使天下归心的事，是决不会有的。

『从前齐景公向晏婴问道：「我打算到转附和朝两座名山游览一番，然后沿着海岸向南走，直达琅邪邑，我应该怎样做，才能和古代圣王的巡游相比拟呢？」

『晏婴答道：「问得好呀！天子前往诸侯国去叫作巡狩，巡狩就是巡视所拥有的疆土。诸侯前往天子的朝廷去朝见，叫作述职，述职就是报告诸侯所担负职守的情况。上述没有不和政事有关的。春季视察耕种，补助农具、种子不足的农户；秋季视察收获，救济劳力、口粮不够的农户。」夏朝时的谚语说：「我们大王不巡游，我们怎能有养息？我们大王不视察，我们哪会获补助？大王的巡游视察，足以让诸侯效法。」现在不是这样，队伍出动一大批就要向下面筹粮，饥饿的人们得不到食物，劳苦的人们得不到息养。民众侧目而视、怨声载道，民众就会被迫作恶了。这样放弃先王的教导，虐害百姓，豪饮暴食，像流水似的没完没了。这种流连荒亡的行为，不能不使诸侯为之忧愁。什么叫流连荒亡呢？顺流而下放舟游乐不知回返叫作流，逆流而上挽舟游乐不知返回叫作连，没有厌倦地打猎叫作荒，没有节制地酗酒叫作亡。古代的圣王不搞这种流连的游乐、荒亡无节制的行为。现在就看大王选择哪一种做法了。」

『齐景公听了很高兴，在都城做好充分的准备，然后自己到郊外去住下，于是开始行惠政，打开仓库拿了粮食补助贫困百姓，又把乐官召来说：「替我创作君臣共同喜欢的乐曲歌词吧！」这歌曲就是《徵招》《角招》。那歌词中说：「制止君主的欲望又有什么过错？制止君主的私欲，正是敬爱君主呢。」』

第五章

【原文】

齐宣王问曰：『人皆谓我毁明堂①，毁诸？已乎？』

孟子对曰：『夫明堂者，王者之堂也。王欲行王政，则勿毁之矣。』

王曰：『王政可得闻与？』

对曰：『昔者文王之治岐也，耕者九一，仕者世禄，关市讥而不征②，泽梁无禁③，罪人不孥④。老而无妻曰鳏，老而无夫曰寡，老而无子曰独，幼而无父曰孤。此四者，天下之穷民⑤而无告⑥者。《诗》云：『哿矣富人，哀此茕独⑦！』』

王曰：『善哉言乎！』

曰：『王如善之，则何为不行？』

王曰：『寡人有疾，寡人好货。』

对曰：『昔者公刘⑧好货，《诗》云：「乃积乃仓，乃裹粮，于橐于囊，思戢用光。弓矢斯张，干戈戚扬，方启行⑨。」故居者有积仓，行者有裹粮也，然后可以方启行。王如好货，与百姓同之，于王何有？』

王曰：『寡人有疾，寡人好色。』

对曰：『昔者大王好色，爱厥妃。《诗》云：「古公父，来朝走马，率西水浒，至于岐下。及姜女，聿来胥宇。」当是时也，内无怨女，外无旷夫。王如好色，与百姓同之，于王何有？』

【注释】

①明堂：上古的一种建筑，天子于此召集会议讨论国事，还可用于祭祀、教育子弟等。

②关市讥而不征：关，指交通要道上的关口。市，指城中的商业区。讥，检查。征，征税。

③泽梁无禁：泽，指低洼有水之地。梁，鱼梁，在水中筑坝以便捕鱼。无禁，不禁止百姓捕鱼。

④孥：指老婆孩子。不孥，指犯罪了不连累家人。

⑤穷民：指没办法无依靠的老百姓。

⑥无告：无处求助。

⑦哿（kě）矣富人，哀此茕独：语出《诗经·小雅·正月》。

⑧公刘：周人始祖后稷的曾孙。

⑨《诗》云……方启行：语出《诗经·大雅·公刘》。于王何有：何难之有，有什么困难。大王：太王，公刘九世孙，即下引《诗经》中的古公父。《诗》云……聿来胥宇：语出《诗经·大雅·》。旷夫：没有及时婚配的男子。旷，本指『空』，这里说家中无妻。

【译文】

齐宣王问孟子道：『人们都劝我把泰山周天子东巡时的明堂毁掉，是毁掉好呢，还是保留呢？』

孟子回答道：『明堂是王者会见诸侯的地方。大王想要施行王者之政，就不用毁掉它了。』

齐宣王问：『关于王政可听您讲一讲吗？』

孟子说：『过去周文王治理岐山的时候，实行井田制，农家每家耕田百亩，八家共一井；做官的人可世代享受俸禄，关口和市场上货物只盘查有无违禁品，但并不征税，水中的鱼梁也任百姓去捕鱼，犯罪的人只需自己受罚，不涉及他的家小。老年没有妻子的叫鳏夫，老年没有丈夫的叫寡妇，老年没有儿子的是独老，很小就没有父母的叫孤儿。这四种人，是天下没办法生活而又无处求助的。周文王考虑政治措施时，一定先考虑他们。《诗经》上说：「富人过得真潇洒，可怜的是这样孤单的穷人！」』

齐宣王叹道：『说得好哇！』

孟子说：『大王既然认为好，为什么不去施行呢？』

齐宣王说："我有个毛病，我喜爱财物。"

孟子说："过去公刘也喜爱财物。《诗经》上说：'把粮食堆积起来，储存在仓库里，制成干粮，装进袋中，想着安定人民，让国家繁荣富强。拉满弓搭上箭，枪刀斧头一齐上，于是出发向远方。'所以说住下来要有储备的粮食，出行要带干粮，这以后才可以到远方去。大王如果喜爱财物，跟老百姓共同拥有，这又有什么困难呢？"

齐宣王说："我还有一个毛病，我喜欢美女。"

孟子说："过去太王也喜欢美女，爱他的妻子。《诗经》上说：'太王早晨骑着马，顺着水边到岐山下。带着他妻姜氏女，来看新居差不差。'这个时候，家中没有到了婚龄尚未出嫁的姑娘，也没有该娶未娶的小伙。大王喜爱美女，让老百姓也能喜爱，这有何难呢？"

第六章

【原文】

孟子谓齐宣王曰："王之臣有托其妻子于其友而楚游者，比其反也，则冻馁其妻子，则如之何？"

王曰："弃之。"

曰："士师不能治士①，则如之何？"

王曰："已之②。"

曰："四境之内不治，则如之何？"

王顾左右而言他。

【注释】

①士师不能治士：士师，司法官。士，乡士。

②已之：已，止、停止。这里引申为撤职。已之，撤掉他。

【译文】

孟子对齐宣王说：『您有一个臣子把妻室儿女，托付给朋友照顾，自己游历楚国去了。等他回来的时候，他的妻室儿女却在挨饿受冻。对这样的朋友，应该怎么办呢？』

齐宣王说：『和他绝交。』

孟子说：『如果管刑罚的长官不能管理他的下级，那应该怎么办呢？』

齐宣王说：『把他撤职。』

孟子说：『大王如果不能将国家治理好，那应该怎么办呢？』齐宣王回过头来左右张望，把话题扯到别处去了。

第七章

【原文】

孟子见齐宣王，曰：『所谓故国者，非谓有乔木之谓也，有世臣之谓也。王无亲臣矣，昔者所进，今日不知其亡①也。』

王曰：『吾何以识其不才而舍之？』

曰：『国君进贤，如不得已，将使卑逾尊，疏逾戚，可不慎与？左右皆曰贤，未可也；诸大夫皆曰贤，未可也；国人皆曰贤，然后察之；见贤焉，然后用之。左右皆曰不可，勿听；诸大夫皆曰不可，勿听；国人皆曰不可，然后察之；见不可焉，然后去之。左右皆曰可杀，勿听；诸大夫皆曰可杀，勿听；国人皆曰可杀，然后察之，见可杀焉，然后杀之，故曰，国人杀之也。如此，然后可以为民父母。』

【注释】

①亡：去位、免职。

【译文】

孟子谒见齐宣王，对他说：『我们平日所说的「故国」，并不是那个国家有高大树木的意思，而是有累代功勋的老臣的意思。您现在没有亲信的臣子了。过去所选用的人到今天想不到都罢免了。』

齐宣王问：『怎样去识别那些缺乏才能的人而不用他呢？』

孟子说：『国君选拔贤人，如果迫不得已要用新进，就要把卑贱者提拔在尊贵者之上，把疏远的人提拔在亲近者之上，对这种事能不慎重吗？因此，左右亲近的人都说某人好，不可轻信；众位大夫都说某人好，也不可轻信；全国的人都说某人好，然后去了解；发现他真有才干，再任用他。左右亲近的人都说某人不好，不要轻信；众位大夫都说某人不好，也不要轻信；全国的人都说某人不好，然后去了解；发现他真的不好，再罢免他。左右亲近的人都说某人可杀，不要轻信；众位大夫都说某人可杀，也不要轻信。全国的人都说某人可杀，然后去了解；发现他该杀，再杀他。所以说，这是全国人杀的。这样，才可以做百姓的父母。』

第八章

【原文】

齐宣王问曰：『汤放桀，武王伐纣①，有诸？』

孟子对曰：『于传②有之。』

曰：『臣弑其君，可乎？』

曰：『贼仁者谓之「贼」，贼义者谓之「残」。残贼之人谓之「一夫」。闻诛一夫纣矣，未闻弑君也。』

【注释】

①武王伐纣：武王，周武王。伐，讨伐。纣王，殷纣王。

②于传（zhuàn）：传，传记。于传，在传记上。

【译文】

齐宣王问：『商汤流放夏桀，武王讨伐殷纣，真有这回事吗？』

孟子回答道：『史籍上有这样的记载。』

齐宣王说：『做臣子的杀掉他的君王，这是可以的吗？』

孟子说：『破坏仁爱的人叫作「贼」。破坏道义的人叫作「残」。这类人，我们都叫他「独夫」。我只听说周武王诛杀了独夫殷纣，没有听说他是以臣弑君的。』

第九章

【原文】

孟子见齐宣王曰：『为巨室，则必使工师求大木。工师得大木，则王喜，以为能胜其任也。匠人斫①而小之，则王怒，以为不胜其任矣。夫人幼而学之，壮而欲行之，王曰，「姑舍女所学而从我」！则何如？今有璞玉于此，虽万镒②，必使玉人雕琢之。至于治国家，则曰，「姑舍女所学而从我」！则何以异于教玉人雕琢玉哉？』

【注释】

①斫（zhuó）：砍、削。

②镒：量金银重量的单位。二十两为一镒。

【译文】

孟子拜见齐宣王说：『如果做大的房屋，就必须管理工匠的官员去寻求大木料，管理工匠的官员寻得到大木料，大王就非常高兴，认为这个官员能够胜任其职。工匠砍刨，使大木料变小了，大王就大发脾气，认为工匠不能够胜任自己的工作。人从小就学习，长大后就要实践它，大王说：「暂且舍弃你所学的东西而听从我吧」，这会怎么样呢？现在如果此处有未雕琢的玉，即使它价值连城，也会让玉匠去雕琢它。而对于治理国家，却说：「暂且舍弃你所学的东西而听从我吧」！这与您去教玉匠雕琢玉石有什么不同呢？』

第十章

【原文】

齐人伐燕，胜之。宣王问曰：『或谓寡人勿取，或谓寡人取之。以万乘之国伐万乘之国，五旬而举之，人力不至于此。不取，必有天殃①。取之何如？』

孟子对曰：『取之而燕民悦，则取之，古之人有行之者，武王是也。取之而燕民不悦，则勿取，古之人有行之者，文王是也。以万乘之国伐万乘之国，箪食壶浆②以迎王师，岂有他哉？避水火也。如水益深，如火益热，亦运③而已矣。』

【注释】

①不取，必有天殃：这是春秋战国时代流行的观念，如《国语·越语》：『天与不取，反为之灾』。

②箪（dān）食壶浆：箪，装饭的竹篮子；浆，以米所熬的汁。言踊跃犒劳军队。

③运：转。

【译文】

齐国攻打燕国，并战胜了燕国。齐宣王问道：『有的人劝我不要吞并燕国，有的人又劝我吞并燕国。以一个拥有万辆兵车的大国讨伐另外一个拥有万辆兵车的大国，五十天就攻占了它，我们的战斗力还不至于如此强大，如果不吞并燕国，必会降下天灾。我打算吞并它，怎么样？』

孟子回答道：『吞并它而燕国的老百姓很高兴，那么就吞并它，古时的人有这么做的，周武王就是如此。吞并它而燕国的老百姓不高兴，那就用不着吞并它，古时的人也有这么做的，周文王就是如此。以一个拥有万辆兵车的大国讨伐另外一个拥有万辆兵车的大国，老百姓用竹篮盛着饭食，用壶装着饮料迎接犒劳大王的军队，怎么会有其他的目的呢？是为了避开水深火热的生活。如果燕国被吞并之后，老百姓的生活更加动荡，更加痛苦，他们也就转向去欢迎另外的人了。』

第十一章

【原文】

齐人伐燕，取之。诸侯将谋救燕。宣王曰：『诸侯将谋伐寡人者，何以待之？』孟子对曰：『臣闻七十里为政于天下者，汤是也。未闻以千里畏人者也。《书》曰：「汤一征，自葛始①。」天下信之，东面而征，西夷怨；南面而征，北狄怨，曰：「奚为后我？」民望之，若大旱之望云霓也②。归市者不止，耕者不变，诛其君而吊其民③，若时雨降。民大悦。《书》曰：「奚我后④，后来其苏⑤。」今燕虐其民，王往而征之，民以为将拯己于水火之中也，箪食壶浆以迎王师。若杀其父兄，系累其子弟⑥，毁其宗庙，迁其重器⑦，如之何其可也？天下固畏齐之强也，今又倍地而不行仁政，是动天下之兵也。王速出令，反其旄倪⑧，止其重器，谋于燕众，置君然后去之，则犹可及止也。』

【注释】

①汤一征，自葛始：《滕文公下》引作『汤始征，自葛载』，可见这『一』字就是开始的意思。

②云霓：霓，虹。日在东方时，日光射入水气折射成出现于西方的虹，乃是下雨的先兆。

③吊：抚恤，慰问。

④我后：奚（xī），等待。后，王。

⑤苏：苏醒，复活。

⑥系累：束缚，捆绑。

⑦重器：宝器也，鼎也。

⑧旄倪：旄同『耄』（mào），八九十岁的老人。倪，就是『儿』。

【译文】

齐国讨伐燕国，占领了它。别的国家在商讨救助燕国。宣王问道：『许多国家正在商讨要攻打我，要怎样对待呢？孟子答道：『我听说过，有凭着方圆七十里的土地来统一天下的，商汤就是，还没听说过拥有方圆一千里的国土而害怕别国的。《书经》说过：「商汤征伐，从葛国开始。」天下的人都很相信他，因此，出征东面，西方国家的百姓便不高兴；出征南面，北方国家的老百姓便不高兴，都说：「为什么把我们放到后面呢？」人们盼望他，就好像久旱以后盼望乌云和虹霓一样。〔汤征伐时，〕做买卖的依然来来往往，种庄稼的照常埋头耕耘，因为他们知道这支队伍只是来诛杀那暴虐的国君抚慰那被残害的百姓的，这正像降了一场及时雨呀，因而十分高兴。《书经》又说：「盼望我王，他来了，我们才有活命！」如今燕国的君主虐待百姓，您去征伐他，那里的百姓认为您是要把他们从水深火热中拯救出来，因此都提着饭筐和酒壶来欢迎您的军队。而您呢，却杀掉他们的父兄，掳掠他们的子弟，毁坏他们的宗庙祠堂，搬走他们的传世宝器，这怎么可以呢？天下各国本来就害怕齐国强大，如今它的土地又扩大了一倍，而且还暴虐无道，这自然会引起各国兴兵动武。您赶快发出命令，遣回老老小小的俘虏，停止搬运燕国的宝器，再与燕国的人士商量，择立一位燕王，然后撤军。这样做，要使各国停止兴兵，还是来得及的。

第十二章

【原文】

邹与鲁鬨①。穆公问曰②：『吾有司死者三十三人③，而民莫之死也④。诛之，则不可胜诛；不诛，则疾视其长上之死而不救⑤，如之何则可也？』

孟子对曰：『凶年饥岁，君之民老弱转乎沟壑⑥，壮者散而之四方者，几千人矣⑦；而君之仓廪实，府库充⑧，有司莫以告，是上慢而残下也。曾子曰⑨：「戒之戒之！出乎尔者，反乎尔者也。」夫民今而后得反之也。君无尤焉。君行仁政，斯民亲其上，死其长矣。』

【注释】

①邹：即春秋时邾国，战国时改为邹国，在今山东邹县。鬨（hòng）：同哄，本指战斗声，这里有交战的意思。

②穆公：邹国君王。

③有司：即官吏。古代设官分职，各有专管的事，所以叫作有司。

④莫之死：即『莫死之』的倒装，意思是说没有为他们而牺牲的。

⑤疾视：仇视。

⑥饥：《说文》解释为『谷不熟』。转：弃。壑（hè贺）：山沟或大水坑。

⑦几（jī）：几乎；近乎。

⑧仓廪（lǐn）：储藏粮食的房子。府库：贮存财物的房子。

⑨曾子：孔子弟子，名参，字子舆。尤：责怪。

【译文】

邹国跟鲁国打仗。邹穆公问孟子道：『（在这次战争中）我的将官们被打死的达三十三人，可是，老百姓却没有一个为他们效死的。要是杀掉这些人吧，杀也杀不尽；要是不杀吧，那他们就还是会仇视他们的长官，一任长官们被打死而不加援救，您看要怎么办才好呢？』

孟子回答道：『在灾荒的年岁里，您的老百姓年老体弱的大批大批地死亡，连埋葬都成问题，只好把遗骸辗转抛弃到山沟里去的，和壮年人四出逃荒的，快将近千人了；而您大王粮仓饱满，国库充足，管钱粮的官员们也不把这种严重的情况向您汇报，他们简直是高高在上，不仅不关心人民疾苦，而且残害人民。曾子说过：「要警惕啊！要警惕啊！你怎样对待人家，人家便会怎样对待你。」（过去邹国的长官是那样残酷无情地对待老百姓，）从今以后老百姓只要一有机会，就会用同样的手段来回敬那些长官们了。您别责怪他们。只要您大王真正施行仁政，那么，老百姓便会敬爱君主和长官，并乐于为他们献出自己的生命了。』

公孙丑上

第一章

【原文】

公孙丑①问曰：『夫子当路②于齐，管仲、晏子③之功，可复许④乎？』

孟子曰：『子诚齐人也，知管仲、晏子而已矣。或问乎曾西⑤曰：「吾子⑥与子路⑦孰贤？」曾西蹙⑧然曰：「吾先子⑨之所畏也。」曰：「然则吾子与管仲孰贤？」曾西艴然不悦，曰：「尔何曾比予于管仲！管仲得君如彼其专也，行乎国政如彼其久也，功烈如彼其卑也，尔何曾比予于是？」』曰：『管仲，曾西之所不为也，而子为我愿之乎？』

曰：『管仲以其君霸，晏子以其君显。管仲、晏子犹不足为与？』

曰：『以齐王，尤反手也。』

曰：『若是，则弟子之惑滋甚。且以文王之德，百年而后崩，犹未洽于天下；武王、周公继之，然后大行。今言王若易然，则文王不足法与？』

曰：『文王何可当也！由汤至于武丁，贤圣之君六七作，天下归殷久矣，久则难变也。武丁朝诸侯，有天下，犹运之掌也。纣之去武丁未久也，其故家遗俗，流风善政，犹有存者；又有微子、微仲、王子比干、箕子、胶鬲——皆贤人也——相与辅相之，故久而后失之也。尺地，莫非其有也；一民，莫非其臣也；然而文王犹方百里起，是以难也。齐人有言曰：「虽有智慧，不如乘势；虽有镃基，不如待时。」今时则易然也：

夏后、殷、周之盛，地未有过千里者也，而齐有其地矣；鸡鸣狗吠相闻，而达乎四境，而齐有其民矣。地不改辟矣，民不改聚矣，行仁政而王，莫之能御也。且王者之不作，未有疏于此时者也；民之憔悴于虐政，未有甚于此时者也。饥者易为食，渴者易为饮。孔子曰：「德之流行，速于置邮而传命。」当今之时，万乘之国行仁政，民之悦之，犹解倒悬也。故事半古之人，功必倍之，惟此时为然。」

【注释】

①公孙丑：孟子的弟子。齐国人。

②当路：当权；执政。

③管仲、晏子：管仲，名夷吾，齐桓公任命为卿相。晏子，晏婴。公元前556年继任齐卿，历仕灵公、庄公、景公三朝。

④许：兴盛；复兴。

⑤曾西：名曾申，字子西，鲁国人，曾参之子。

⑥吾子：对友人的敬称，相当于『吾兄』、『老兄』之类。

⑦子路：孔子的弟子，姓仲名由。

⑧蹵然：（cù），吃惊的样子。

⑨先子：已死去的长辈。这里是指曾西的父亲曾参。艴然：艴（fú），恼怒的样子。曾：副词。竟然；居然。为：同『谓』，认为。尤：同『犹』，好像；犹如。百年而后崩：相传周文王活了九十七岁。百年，是泛指寿命很长。相（xiáng）：与辅相（xiáng）：共同辅助。句首的『相』，是副词；句尾的『相』

是动词。虽有基、不如待时：镃（zī），农具。基，亦作『』，农具。相当于犁、锄之类。待时：等待农时。速于置邮而传命：比通过驿站传达国家命令还要快。

【译文】

公孙丑问道：『要是让你在齐国执政，管仲、晏子的功绩可以再度振兴吗？』

孟子答道：『你真〔不愧〕是个齐国人，仅仅知道管仲、晏子罢了。有人询问过曾西：「老兄要是跟子路相比，谁更贤能？」曾西惶惶不安地说：「他是我的先辈所敬畏的〔楷模〕！」那人又问：「那么，老兄要是跟管仲相比，谁更贤能呢？」曾西突然绷起脸不高兴地说：「你为什么居然拿我去跟管仲相比？管仲受齐桓公信赖而那样地专权，掌管国家的政事又那样地长久，功绩成就却那样微不足道，你为什么拿我跟这样的人相比呢？」』〔孟子又接着〕说：『管仲这号人，连曾西都不屑跟他相比，你以为我会羡慕仿效他吗？』

〔公孙丑〕说：『管仲辅佐君王〔桓公〕称霸，晏子辅佐君王〔景公〕扬名，难道管仲、晏子竟值不得称许吗？』

〔孟子〕说：『像齐国要统一天下，就好比把手掌翻一下那样〔容易〕。』

〔公孙丑〕说：『照您这样讲，我这学生越听越糊涂。凭周文王的德行修养，将近一百年才寿终，〔他的教化、影响〕也还没有遍及天下。直到武王和周公继承了他的遗业，〔教化〕才广泛推行。现在您谈论天下统一说得如此容易，岂不是连周文王也值不得效法了吗？』

〔孟子〕说：『周文王怎么能比得上呢？试看〔商朝〕从汤到武丁，称得起贤能明智的国君就有六七个，天下归服殷商的年代已经相当长久，年代长了就很难变动。武丁使诸侯来朝见，行使天下治理的权力，就好比在手心中运转东西一样容易。而〔商代末君〕纣，距武丁并不算太长久，当时商朝的功臣勋旧、优良传统、美好风尚、仁政善教，仍然有影响，更有微子、微仲、王子比干、箕子、胶鬲——这些都是贤能的人——共同辅佐他，所以能经历久远的年代才沦亡。〔对纣说来，当时〕没有一尺土地不隶属于他，没有一个百姓不归附他。然而，周文王还只能从百里见方的小地盘起家，所以，是很不容易的。齐国百姓中流传着这样一句俗话：「即便有妙计，也要抓紧时机；即便有锄犁，也要等节气。」当前的形势就很顺利；在夏、商、周三朝兴盛的时期，都没有哪一国拥有超过千里见方的国土，而齐国却有如此辽阔的土地，连鸡鸣狗吠的声音〔从国都〕直至四面八方的国境线都能相互听到，更何况齐国还有〔众多〕百姓。疆土用不着再扩充，百姓也用不着再增添，如果能施行仁政以统一天下，没有谁能够抵挡得了它！而且，行仁政的君主没有出现，〔恐怕〕没有比这个时期〔相隔〕更久远的了；百姓被暴政迫害得面黄肌瘦的现象，也没有比这个时期更严重的了。饿肚子的人饥不择食，唇舌焦枯的人也不挑剔饮料。孔夫子说过：「德政的传播，比驿站传达国家的命令还要快。」面对当今形势，拥有万辆兵车的国家一施行仁政，百姓的高兴，就好比被吊着的人得到解脱一样。因此，如果只做古代人的一半〔好〕事，功效必然会加倍地超过〔古代人〕，只有在这个时代，才能够办到。』

第二章

【原文】

公孙丑问曰：『夫子加齐之卿相，得行道焉，虽由此霸王不异矣。如此则动心否乎？』

孟子曰：『否。我四十不动心。』

曰：『若是，则夫子过孟贲①远矣。』

曰：『是不难，告子②先我不动心。』

曰：『不动心有道乎？』

曰：『有。北宫黝③之养勇也：不肤桡，不目逃，思以一豪挫于人，若挞之于市朝；不受于褐宽博④，亦不受于万乘之君；视刺万乘之君，若刺褐夫；无严诸侯⑤，恶声至，必反之。孟施舍⑥之所养勇也，曰：「视不胜犹胜也。量敌而后进，虑胜而后会，是畏三军者也。舍岂能为必胜哉？能无惧而已矣。」孟施舍似曾子，北宫黝似子夏⑦。夫二子之勇，未知其孰贤，然而孟施舍守约也。昔者曾子谓子襄⑧曰：「子好勇乎？吾尝闻大勇于夫子矣：自反而不缩，虽褐宽博，吾不惴焉；自反而缩，虽千万人，吾往矣。」孟施舍之守气，又不如曾子之守约也。』

曰：『敢问夫子之不动心与告子之不动心，可得闻与？』

『告子曰：「不得于言，勿求于心；不得于心，勿求于气。」不得于心，勿求于气，可；不得于言，勿求于心，不可。夫志，气之帅也；气，体之充也。夫志至焉，气次焉；故曰：「持其志，无暴其气。」』

『既曰「志至焉，气次焉」，又曰「持其志，无暴其气」，何也？』

曰：『志壹则动气，气壹则动志也。今夫蹶者趋者⑨，是气也，而反动其心。』

『敢问夫子恶乎长？』

曰：『我知言，我善养吾浩然之气。』

『敢问何谓浩然之气？』

曰：『难也。其为气也，至大至刚，以直养而无害，则塞于天地之间。其为气也，配义与道；无是，馁也。是集义所生者，非义袭而取之也。行有不慊于心，则馁也。我故曰，告子未尝知义，以其外之也。必有事焉而勿正心，勿忘，勿助长也。无若宋人然：宋人有闵，其苗之不长而揠之者，芒芒然归，谓其人曰：「今日病矣！予助苗长矣！」其子趋而往视之，则苗槁矣。天下之不助苗长者寡矣。以为无益而舍之者，不耘苗者也；助之长者，揠苗者也——非徒无益，而又害之。』

『何谓知言？』

曰：『辞知其所蔽，淫辞知其所陷，邪辞知其所离，遁辞知其所穷。生于其心，害于其政；发于其政，害于其事。圣人复起，必从吾言矣。』

『宰我、子贡善为说辞；冉牛、闵子、颜渊善言德行；孔子兼之，曰：「我于辞命，则不能也。」然则夫子既圣矣乎？』

曰：『恶！是何言也？昔者子贡问孔子曰：「夫子圣矣乎？」孔子曰：「圣则吾不能，我学不厌而教不倦也。」子贡曰：「学不厌，智也；教不倦，仁也。仁且智，夫子既圣矣。」夫圣，孔子不居——是何言也？』

『昔者窃闻之：子夏、子游、子张皆有圣人之一体，冉牛、闵子、颜渊则具体而微，敢问所安。』

曰：『姑舍是。』

曰：『伯夷、伊尹何如？』

曰：『不同道。非其君不事，非其民不使；治则进，乱则退，伯夷也。何事非君，何使非民；治亦进，乱亦进，伊尹也。可以仕则仕，可以止则止，可以久则久，可以速则速，孔子也。皆古圣人也，吾未能有行焉。乃所愿，则学孔子也。』

『伯夷、伊尹于孔子，若是班乎？』

曰：『否。自有生民以来，未有孔子也。』

曰：『然则有同与？』

曰：『有。得百里之地而君之，皆能以朝诸侯，有天下；行一不义，杀一不辜，而得天下，皆不为也。是则同。』

曰：『敢问其所以异。』

曰：『宰我、子贡、有若，智足以知圣人，不至阿其所好。宰我曰：「以予观于夫子，贤于尧舜远矣。」子贡曰：「见其礼而知其政，闻其乐而知其德，由百世之后，等百世之王，莫之能违也。自生民以来，未有夫子也。」有若曰：「岂惟民哉？麒麟之于走兽，凤凰之于飞鸟，太山之于丘垤，河海之于行潦，类也。圣人之于民，亦类也。出于其类，拔乎其萃，自生民以来，未有盛于孔子也。」』

【注释】

①孟贲（bēn）：卫国人，当时的著名勇士。

②告子：名不害，墨子的弟子。

③北宫黝（yǒu）：齐国人，刺客。

④不受：指不接受挫辱。褐宽博：指穿粗布制的宽大衣服的人，实指卑贱之人。

⑤无严诸侯：意为心中没有可敬畏的诸侯。

⑥孟施舍：勇士。

⑦子夏：卫国人，孔子的弟子。

⑧子襄：曾子的弟子。

⑨蹶（jué）：指失足摔倒的人。趋者：奔跑的人。知言：赵注云：『闻人言诵知其情所趋。』浩然：『盛大流行的样子。』宋：周初所封诸侯国。遁辞知其所穷：遁，逃辟，躲闪。穷，理屈词穷。宰我、子贡：此二人都是孔门言语科的高才生。冉牛、闵子、颜渊：此三人都是孔门德行科的高材生。子夏、子游、子张皆有圣人之一体：此用比喻说法，意为上述三个弟子都只得了孔圣人四肢中的一个肢体。伯夷：商朝末年孤竹国君的大儿子，因与弟弟叔齐互让王位而双双逃奔周国。伊尹：商初大臣，辅佐商汤王灭夏桀，有名的贤臣。有若：孔子的弟子，鲁国人，比孔子小十三岁。尧、舜：传说中上古时代贤君，是儒家最推崇的人物之一。

【译文】

公孙丑问孟子：『先生您要担任齐国的卿相大官，能有机会实行您的王道抱负，即使因此成就霸者王者的大业，都不足为怪。要是这样，您是否会动心呢？』

孟子说：『不。我四十岁时就已做到不动心了。』

公孙丑说：『照这样说来，先生比孟贲强多了。』

孟子说：『做到这个并不难，告子做到不动心比我还要早。』

公孙丑说：『做到不动心有什么诀窍吗？』

孟子说：『有。北宫黝培养勇气的方法是：肌肤被刺而不退缩，眼睛被刺而不逃避，即使有一根毫毛被他人伤害，也觉得犹如在大庭广众之下遭到鞭打一样；他既不受挫于卑贱的匹夫，也不受挫于大国的君主，把刺杀大国的君主看作如同刺杀普通平民一样；他不畏惧国君侯王，受到辱骂必定回骂。孟施舍培养勇气的方法又不同，他说：「我对待不能战胜的敌人和对待能够战胜的敌人没有两样。如果先估量敌方的强弱然后才前进，思虑胜败然后才交锋，必定会畏惧众多的敌军，我怎么能有勇气一定战胜呢？我只是能够无所畏惧罢了。」孟施舍的养勇像曾子，北宫黝却有点像子夏。这两个人的养勇哪个更好些，我也说不准。我认为孟施舍能抓住养勇的要领，即无所畏惧，一往无前。从前，曾子对他的学生子襄说：「你崇尚勇敢吗？我曾经听孔夫子说过大勇：反躬自问如果没理，即使对方是平民，我也不能去凌辱他；反躬自问确有道理，即使面对千军万马，我也将勇往直前。」孟施舍虽说有点像曾子，但他所守的是无所畏惧的勇气，到底不及曾子守着有理这一要领。』

公孙丑说：『请问先生的不动心和告子的不动心，可以说给我听听吗？』

孟子立即回答道：『告子说：「对于对方语言的意思有弄不清的地方，便抛开不必用心琢磨他的话有没有道理；对于一件事的道理心里未弄妥实，就应抑制自己的心绪。千万别再因此动气。」对于一件事的道理心里未弄妥实，就应当抑制自己的心绪，千万别再因此动气，这是对的，如果认为对于对方语言的意思有弄不清的地方，便应当抛开他的话，不必在自己心上去琢磨他的话有没有道理，那就不对了。意思是说志是气的将帅，气是充满身体的兵卒。志达到了什么境界，气也会随之到达哪里，所以说，要坚定自己的志，不要随便用自己的气。』

公孙丑又问道：『既然说「志达到了什么境界，气也会到达哪种程度，」又说「要坚定自己的志，不要滥用自己的气，」这是什么道理呢？』

孟子回答道：『志专一了就会鼓动气，气专一了就会鼓动志。现在看看那些倒行逆施、趋炎附势的人，正是因为气却反转过来牵动了他们的心。』

公孙丑问道：『请问先生擅长于什么呢？』

孟子说：『我善于分析别人的言辞，而识别是非得失并探究其原因，我善于培养自己的浩然之气。』

公孙丑说：『请问什么叫作浩然之气呢？』

孟子说：『这个很难说透。它作为气，是最伟大、最刚强，又正直去培养它而不加损害，它就会充满于天地之间，无所不在。它作为气，必须与义和道相匹配，否则，就显得软弱乏力。它是义在内心积累起来所产生的，不是义由外入内而取得的。如果行为中有件事使内心感到愧疚时，马上它就没有力量了。我之所以说告子未曾了解义，就是因为他把义看作是外在的东西。去做一件事自然合乎道义，必须坚持到底，不要故意做作，心中不要忘记养气的事，但也不要去按它成长的规律去用外力帮助它成长，千万不要像宋国人那样：宋国有个担心他的禾苗长不快而把苗拔高的人，拖着疲倦不堪的身子回到家中，告诉家里的人说：「今天简直累死了呀！我帮助禾苗都长高了。」他的儿子赶快跑去一看，禾苗都枯萎了。世上不帮助禾苗生长的人是很少的，认为帮助没有益处而放弃不干的，就是那不锄草耘苗的懒汉，那不按照规律用外力帮助它生长的人，就是那揠苗助长的人。这样做不但没有好处，反而会伤害它。』

公孙丑又问道：『什么叫作知言呢？』

孟子说：『听了偏颇的言辞，我知道他的病根在于闭塞；听了浮夸的言辞，我知道他的病根在于失实；听了邪僻的言辞，我知道他的病根在于偏离正道；听了搪塞的言辞，我知道他的病根在于理屈词穷。上述四种言辞，如果萌生于内心，便会危害于施政；如果萌生于政措，便会妨害于实行。今后再有圣人出现，也一定会同意我的见解。』

公孙丑说：『宰我、子贡善于讲话辩论，冉牛、闵子和颜渊善于阐述德行，孔子则兼有他们的长处，但他还是说：「我对于辞令，就不擅长了。」如此说来，先生您既知言，又善养浩然之气，已经称得上圣人了吧？』

孟子说：『唉！你这是什么话呢？从前子贡向孔子问道：老师您已经成了圣人了吧？」孔子说：「圣人，我还不敢当，我只是能做到：学习不感到满足，教诲不感到疲倦罢了。」子贡说：「学习不感到满足，是智的表现；教诲不感到疲倦，是仁的表现。有仁有智，孔夫子您已经称得上是圣人了啊。」圣人，孔子都不敢当，您讲我是圣人，这是什么话呢？』

公孙丑问道：『从前我听说过，子夏、子游和子张，都学得了孔圣人一方面的特长，冉牛、闵子、颜渊大体上具备了孔夫子的才德，只是不及他的博大。请问先生，您在上面这些人中间与哪一个更近似呢？』

孟子说：『暂且不谈这些吧。』

公孙丑又问：『伯夷和伊尹怎么样呢？』

孟子说：『他们处世之道并不相同。不够格的君主不侍奉，不够格的民众不使唤，世道太平就做官，世道昏乱就退隐，这是伯夷；任何君主都侍奉，任何民众都使唤，世道太平做官，世道昏乱也做官，这是伊尹；能做官就做官，能退隐就退稳，能长久干就长久干，能离开就快离开，这是孔子。他们都是古代的圣人，我没能做到他们那样，至于我个人的愿望，便是要学习孔子。』

公孙丑又问：『伯夷、伊尹能与孔子相提并论吗？』

孟子说：『不！自有人类以来，从未有过孔子那样伟大的人物。』

公孙丑说：『那么，他们有共同之处吗？』

孟子说：『有。如果他们能得到方圆百里的疆土而又被拥立为君主，他们都能使诸侯来朝见，拥有天下；如果要他们做一件不合道义的事，杀一个无辜的人来得到天下，他们都不会干的，这是他们的共同之处。』

公孙丑说：『请问他们的不同在什么地方？』

孟子说：『宰我、子贡、有若，他们的智慧足以了解圣人，他们虽然地位低下，但不至于奉承他们所喜爱的人。宰我说：「依我看来，孔夫子比尧、舜强多了。」子贡说：「见到一个国家所行的礼制就明了它的政事，听到一个人家所奏的音乐就明了它的德行，即使从百世之后来评价这百世之中的君王，也没有一个能违背孔夫子的观点。自有人类社会以来，从未有过孔夫子这样的圣人。」有若说：「难道只有民众有高下之分吗？麒麟对于走兽、凤凰对于飞禽，泰山对于土丘、河海对于水塘，都是同类；圣人对于民众，也是同类。高出他的同类，超越他的群体，自有人类社会以来，从未有过比孔夫子更伟大的人了。」』

第三章

【原文】

孟子曰：『以力假仁者霸，霸必有大国；以德行仁者王，王不待大——汤以七十里，文王以百里，以力服人者，非心服也，力不赡也；以德服人者，中心悦而诚服也，如七十子①之服孔子也。《诗》云：「自西自东，自南自北，无思②不服。」此之谓也。』

【注释】

①七十子：孔子的弟子中的七十个贤人。

②无思：思，语气助词，无义。无思，即没有。

【译文】

孟子说：『凭借武力而假托仁义的人可以称霸，称霸必须依靠国力的强大。依靠道德施行仁义的可以统一天下，统一天下不必仗恃国力的强大。成汤只用方圆70里土地，周文王只用方圆百里土地，就使天下归服。以武力征服别人的，别人并不心悦诚服，只是力量不足；以德行征服别人的，别人才内心服气而甘愿服从，就像70多位学生顺服孔子那样。《诗经》上说：「从西到东，从南到北，无不心悦诚服。」就是说的这个意思。』

第四章

【原文】

孟子曰：『仁则荣，不仁则辱；今恶辱而居不仁，是犹恶湿而居下也。如恶之，莫如贵德而尊士，贤者在位，能者在职；国家闲暇①，及是时，明其政刑②。虽大国，必畏之矣。《诗》云：「迨天之未阴雨，彻彼桑土，绸缪牖户③。今此下民，或敢侮予？」孔子曰：「为此诗者，其知道乎！能治其国家，谁敢侮之？」今国家闲暇，及是时，般乐怠敖④，是自求祸也。祸福无不自己求之者。《诗》云：「永言配命，自求多福。」太甲曰：「天作孽，犹可违；自作孽，不可活。」此之谓也。』

【注释】

①国家闲暇：国家平安，没有内乱。

②政刑：政事和刑罚。

③绸缪（chóu）（móu）牖（yǒu）户：绸缪，修缮。牖，窗子。户，门。

④般（pán）乐怠敖：般，乐。怠，怠惰。敖，同『遨』，出游。

【译文】

孟子说：『当政者推行仁政就有荣耀，不行仁政就遭耻辱。现在他们厌恶遭受耻辱，却处在不仁的境地，这就如同厌恶潮湿而又处于低洼之地一样。如果厌恶遭受耻辱，不如重视德行并尊敬士人，使有德行的人身居高位，使有才能的人担任一定职务。国家局势稳定，趁这个时机，修明政治法典。即使是强大的邻国，也必定畏惧它。《诗经》上说：「趁着天晴没阴雨，剥些桑树根上皮，修补窗子和门户。现在你们下面人，有谁还敢来欺侮？」孔子说：「作这篇诗的人，很懂得道理啊！能够治理好自己的国家，谁敢欺侮他？」现在国家局势稳定，在这个时候追求享乐，懈怠游玩，这是自寻祸害。《诗经》上又说：「常顺天命不相违，寻求幸福靠自强。」《太甲》中也说过：「天降的灾祸，还可以躲；自造的罪孽，逃也逃不脱。」就是说的这个意思。』

第五章

【原文】

孟子曰：『尊贤使能，俊杰在位，则天下之士皆悦而愿立于其朝矣。市，廛而不征①，法而不廛②，则天下之商皆悦而愿藏于其市矣。关，讥而不征，则天下之旅皆悦而愿出于其路矣。耕者助而不税③，则天下之农皆悦而愿耕于其野矣。廛，无夫、里之布④，则天下之民皆悦而愿为之氓矣。信能行此五者，则邻国之民仰之若父母矣。率其子弟，攻其父母，自生民以来未有能济者也。如此，则无敌于天下。无敌于天下者，天吏也。然而不王者，未之有也。』

【注释】

①廛而不征：廛，指放货物的仓库。为商人提供存放货物的仓库而不向他们征税。

②法而不廛：法，依法收购。对滞销品依法收购而不使积压，这是防止物价波动过大而采取的措施。

③助而不税：助指助耕公田，而不向私田另外征税。孟子倡导井田制，故有此说。

④夫、里之布：夫布，指对不种田又无正当职业者征收的一种税。里布，对住宅周围没种桑麻者所征的一种税。

【译文】

孟子说：『尊重有贤德的人，任用有才能的人，让才德杰出者居于上位，天下的士人就会很高兴，愿意到这里做官。市场上为商人提供存放货物的场所但不向他们征税，当商品滞销时又依法收购，天下的商人就很高兴愿意来这里做买卖了。关口上只稽查而不征税，天下旅行的人就会很高兴愿意走在这里的大路上。农民只需要耕种公田而不另外交税，天下的农民也就高兴并愿意在这里的土地上耕种了。住宅不收另外的税，天下的老百姓就会高兴地愿做这里的臣民。如果真的能做到这五点，那么邻国的老百姓就会像仰望父母那样看待他。带领子弟去打自己的父母，自从有了人类也没谁成功过。能做到这样，天下就没有对手了。天下没有对手，就等于上天派下来管理天下的。这样还不能称王于天下，这是没有过的事情。』

第六章

【原文】

孟子曰：『人皆有不忍人之心。先王有不忍人之心，斯有不忍人之政矣。以不忍人之心，行不忍人之政，治天下可运之掌上。所以谓人皆有不忍人之心者，今人乍见孺子将入于井，皆有怵惕恻隐之心①——非所以内交②于孺子之父母也，非所以要誉③于乡党朋友也，非恶其声而然也。由是观之，无恻隐之心，非人也；无羞恶之心，非人也；无辞让之心，非人也；无是非之心，非人也。恻隐之心，仁之端④也；羞恶之心，义之端也；辞让之心，礼之端也；是非之心，智之端也。人之有是四端也，犹其有四体也。有是四端而自谓不能者，自贼者也；谓其君不能者，贼其君者也。凡有四端于我者，知皆扩而充之矣，若火之始然⑤，泉之始达。苟能充之，足以保四海；苟不充之，不足以事父母。』

【注释】

①怵惕恻隐：怵惕：吃惊害怕；恻隐：悲痛同情。

②内交：结交。内同纳。

③要誉：博取名声。要：求取，博取。

④端：开始。

⑤然：燃。

【译文】

孟子说：『人们都有怜恤他人的心理。先王有怜恤他人的心理，于是才有怜恤他人的政策。凭着怜恤他人的善心，施行怜恤他人的政策，使天下大治就容易得好像在掌上玩转什么东西一样。之所以说人都有怜恤他人的心理，比如现在有人突然看见小孩快要掉到井里，都会有惊惧不忍的心理——并不是想要和孩子的父母结交，也不是想在邻里朋友中博取美誉，也不是因为厌恶孩子的哭叫声。由这个看来，没有同情之心的不能算是人；没有羞耻之心的不能算是人；没有谦让之心的，不能算是人；没有是非之心的，也不能算是人。同情之心是仁的发端；羞耻之心是义的发端；谦让之心是礼的发端；是非之心是智的发端。人具有了这四种开端，就好比他具有了四肢。具有这四种开端却自认为不行的，是自暴自弃；认为君主不行的，是暴弃他的君主。凡是自身具备了这四种发端的人，懂得将它们发展充实，就好比刚刚燃起的火焰，刚刚流出的泉水。如果能够扩充它们，就足以安保天下；如果不能扩充它们，那就连自己的父母也不能奉养了。』

第七章

【原文】

孟子曰：『矢人岂不仁于函人哉①？矢人唯恐不伤人，函人唯恐伤人。巫匠亦然②。故术不可不慎也③。孔子曰：「里仁为美。择不处仁，焉得智④？」夫仁，天之尊爵也，人之安宅也。莫之御而不仁，是不智也。不仁、不智，无礼、无义，人役也。人役而耻为役，由弓人而耻为弓⑤，矢人而耻为矢也。如耻之，莫如为仁。仁者如射：射者正己而后发；发而不中，不怨胜己者，反求诸己而已矣。』

【注释】

①函人：制造铠甲的工匠。函，铠甲。

②巫匠：巫，医。相传上古巫彭初作医。匠，木工也。

③故术不可不慎也：孟子时，有习合纵连横之说的人，有习争战之事的人，其行径似如幸灾乐祸者然。孟子此言可能以小喻大，有所指而言。

④焉得志：引语见《论语·里仁篇》。

⑤由：同『犹』。

【译文】

孟子说：『造箭的人难道比造甲的人本性要残忍些吗？〔如果不是这样，为什么〕造箭的人生怕他的箭不能伤害人，而造甲的人却生怕他的甲不能抵御刀箭而伤人呢？做巫的和做木匠的也是这样。〔巫唯恐自己的法术不灵，病人不得痊愈；木匠唯恐病人好了，棺材销不出去。〕可见一个人选择谋生之术不能不谨慎。孔子说：「与仁共处是好的。自己不选择与仁共处，怎么能说是聪明呢？」仁，是上天赐予的最尊贵的爵位，是人最安逸的住宅。没有人来阻止你，你却不仁，这是不明智的。不仁、不智、无礼、无义，这种人只能做别人的仆役。作为一个仆役而自以为耻，就好比造弓的人以造弓为耻，造箭的人以造箭为耻一样。如果真以为耻，不如好好地去实践仁义。实行仁义的人好比比赛射箭的人一样：射箭的人先必须端正自己的姿势然后才能开弓；如果没有射中，不能埋怨那些胜过自己的人，只能反过来审查自己哪里没做好罢了。』

第八章

【原文】

孟子曰：『子路，人告之以有过，则喜。禹闻善言①，则拜。大舜有大焉②，善与人同③，舍己从人，乐取于人以为善。自耕稼、陶、渔以至为帝，无非取于人者。取诸人以为善，是与人为善者也④。故君子莫大乎与人为善。』

【注释】

①禹闻善言：禹，古代历史传说中夏朝开创的天子，也是中国第一位治理洪水的伟大人物。

②有：同『又』。

③善与人同：犹言『善与人通』。

④耕稼陶渔：《史记·五帝本纪》云：『舜耕历山，历山之人皆让畔；渔雷泽，雷泽之人皆让居；陶河滨，河滨器皆不苦窳。一年所居成聚，二年成邑，三年成都。』

【译文】

孟子说：『子路，别人把他的错误指点给他，他便高兴。禹听到了善言，就给人敬礼。伟大的舜更是了不得，他对于行善，没有别人和自己的区分，抛弃自己的不是，接受人家的是，非常快乐地吸取别人的优点来自己行善。从他种庄稼，做瓦器，做渔夫一直到做天子，没有一处优点不是从别人那里吸收来的。吸收别人的优点来自己行善，这就是偕同别人一道行善。所以君子最高的德行就是偕同别人一道行善。』

公孙丑下

第一章

【原文】

孟子曰：『天时不如地利，地利不如人和①。三里之城，七里之郭②，环而攻之而不胜。夫环而攻之，必有得天时者矣；然而不胜者，是天时不如地利也。城非不高也，池非不深也，兵革非不坚利也，米粟非不多也；委而去之，是地利不如人和也。故曰：域民不以封疆之界③，固国不以山之险④，威天下不以兵革之利。得道者多助，失道者寡助。寡助之至，亲戚畔之；多助之至，天下顺之。以天下之所顺，攻亲戚之所畔，故君子有不战，战必胜矣⑤。』

【注释】

①天时：古代作战，以「天干」（甲、乙、丙、丁、戊、己、庚、辛、壬、癸）、「地支」（子、丑、寅、卯、辰、巳、午、未、申、酉、戌、亥）所标志的时日（例如：甲子日、乙卯日等）和攻守地点的方位（东、南、西、北、中央）的适当配合为条件（某日攻某方、守某方为有利），来掌握胜败、吉凶的成数，这叫作天数。』天数即是天时。

②三里之城，七里之郭：郭，外城。

③域民：限制人民，使他们居住在一定的区域内，为自己所统治。

④固国：使国防坚固，牢不可破。固，使动用法。

⑤君子有不战，战必胜矣：句中的『有』字和口语『要么』的意思差不多。

【译文】

孟子说：『得天时不如得地利好，得地利又不及得人和好。譬如这里有座内城三里、外城七里的城邑，敌人包围攻打却无法取胜。敌人既来围攻，一定是拣时择日得天时的了；可是无法取胜，这正说明得天时不如得地利好。又譬如这里有另一座城邑，它的城墙筑得并不是不高，护城壕挖得并不是不深，士卒们的兵器和盔甲并不是不锐利、坚固，粮食也并不是不多，可是，（当敌人一来进犯，）守兵们竟弃城而逃，这正足以说明得地利又不及得人和好。所以说：限制人民不必靠国家的疆界，巩固国防不必凭山河的险要，威服天下不必恃武力的强大。得到正义的人帮助他的便多，失掉正义的人帮助他的便少。少助到了极点时，连自己的内亲外戚也会背叛他；多助到了极点时，整个天下的人都愿意顺从他。让天下都顺从他的人去攻打连他的内亲外戚也背叛他的人，所以，那些高举正义旗帜的圣君要么不去攻打，一去攻打立即就会获得胜利。」

第二章

【原文】

孟子将朝王，王使人来曰：「寡人如①就见者也，有寒疾，不可以风。朝，将视朝②，不识可使寡人得见乎？」

对曰：「不幸而有疾，不能造③朝。」

明日，出吊于东郭氏④。公孙丑曰：「昔者辞以病，今日吊，或者不可乎？」

曰：「昔者疾，今日愈，如之何不吊？」

王使人问疾，医来。

孟仲子对曰：「昔者有王命，有采薪之忧⑤，不能造朝。今病小愈，趋造于朝，我不识能至否乎？」

使数人要⑥于路，曰：「请必无归，而造于朝！」

不得已而之景丑氏宿焉。景子曰：『内则父子，外则君臣，人之大伦也。父子主恩，君臣主敬。丑见王之敬子也，未见所以敬王也。』

曰：『恶！是何言也！齐人无以仁义与王言者，岂以仁义为不美也？其心曰：「是何足与言仁义也」云尔，则不敬莫大乎是。我非尧舜之道，不敢以陈于王前，故齐人莫如我敬王也。』

景子曰：『否。非此之谓也。《礼》曰，「父召，无诺⑦；君命召，不俟驾⑧。」固将朝也，闻王命而遂不果，宜⑨与夫礼若不相似然。』

曰：『岂谓是与？曾子曰：「晋楚之富，不可及也；彼以其富，我以吾仁；彼以其爵，我以吾义，吾何慊乎哉？」夫岂不义而曾子言之？是或一道也。天下有达尊三：爵一，齿一，德一。朝廷莫如爵，乡党莫如齿，辅世长民莫如德。恶得有其一以慢其二哉？故将大有为之君，必有所不召之臣；欲有谋焉，则就之。其尊德乐道，不如是，不足与有为也。故汤之于伊尹，学焉而后臣之，故不劳而王；桓公之于管仲，学焉而后臣之，故不劳而霸。今天下地丑德齐，莫能相尚无他，好臣其所教，而不好臣其所受教。汤之于伊尹，桓公之于管仲，则不敢召。管仲且犹不可召，而况不为管仲者乎？』

【注释】

①如：宜、当、应当。

②朝，将视朝：第一个朝字，同『朝（zhāo）』，早晨。第二个朝字，朝廷。

③造：到、到……去。

④吊东郭氏：到齐大夫东郭氏家去吊丧。

⑤采薪之忧：因不能去打柴而忧，借喻为有病。

⑥要（yāo）：遮拦，堵截。

⑦父召，无诺：诺，答应的声音。父亲召唤，来不及答应（无诺），马上就去。

⑧不俟（sì）驾：俟，等、等待。不等把车马驾好，立刻出发。

⑨宜：殆，大概、恐怕。慊（qiàn）：少。丑：原字。类似、相近。

【译文】

孟子准备去朝见齐王，正巧齐王派人前来说：『我本当来拜访你，但因患感冒，不能吹风。如你肯来朝见，我便临朝办公，不知能否让我见到你？』

孟子回答道：『不巧我也有病，不能到朝廷。』

第二天，孟子到东郭大夫家吊丧。公孙丑说：『昨天托词有病，今天却去吊丧，恐怕不太妥当吧？』

孟子说：『昨天有病，今天痊愈了，为什么不可前去吊丧呢？』

齐王派人来探问病情，并有医生同来。

孟仲子回答道：『昨天大王有命令来，他因身体有病，不能上朝廷；今天病情好了一些，已经上朝廷去了，我不知道他能不能到达。』

接着孟仲子立即派几个人分头到路口拦截孟子，说：『请一定不要回家，赶快上朝廷去！』

孟子没有办法，只好前往景丑氏家中歇息。景子说：『家庭内有父子，家庭外有君臣，这是人与人之间最重要的关系。父子之间以慈恩为本，君臣之间以恭敬为本。我只看见大王对您尊敬，却没有看见您是如何尊敬大王的。』

孟子说：『嘿！这是什么话！齐国人中，没有以仁义向大王进言的，哪里是认为仁义不美好呢？他们的心中只是以为「他哪里配和我们谈仁义呢？」如此而已。不尊敬，没有比这更严重的了。不是尧舜之道，我不敢在君王面前陈说，所以齐国人没有比我更尊敬君王的了。』

景子说：『不，我讲的不是这个意思。《礼经》上说：「父亲召唤，答应的同时就起身；君主召唤，不等车马驾好就动身。」您本来准备去朝见的，听到大王的命令反而不去了，似乎与礼书上讲的不相符吧！』

孟子说：『难道你真的这样看吗？曾子说过：「晋国楚国的富裕，是不能赶上的。他有他的富，我有我的仁；他有他的爵位，我有我的义，我比他缺少什么呢？」这些话如果没有道理，曾子岂会讲呢？里面恐怕有一定道理吧！天下有三样尊贵的东西：爵位是一样，年岁是一样，道德是一样。朝廷中首要的是爵位，乡邻中首要的是年岁，辅佐君主治理民众首要的是道德。哪能因拥有其中的一样而轻慢另外两样呢？所以，将要大有作为的君主，一定有他所不能召唤的臣子。想要商量什么事，就亲自去拜访臣子。尊重德行，乐施仁政，不如此便不值得跟他一道有所作为。所以成汤对于伊尹，先向他学习再以他为臣子，就能不费力而统一天下；齐桓公对于管仲，先向他学习再以他为臣子，就能不费力而称霸诸侯。现在，天下各国大小相等，风气不相上下，彼此谁也压不住谁。没有别的原因，只是因为他们总喜欢以听话的人为臣子，而不喜欢以能教导自己的人为臣子。成汤对于伊尹，齐桓公对于管仲，就不敢召唤。管仲尚且不可召唤，更何况不屑于做管仲的那一类人呢？』

第三章

【原文】

陈臻①问曰：『前日于齐，王馈兼金②一百而不受；于宋，馈七十镒而受；于薛③，馈五十镒而受。前日之不受是，则今日之受非也；今日之受是，则前日之不受非也。夫子必居一于此矣。』

孟子曰：『皆是也。当在宋也，予将有远行，行者必以赆④，辞曰：「馈赆。」予何为不受？当在薛也，予有戒心，辞曰：「闻戒，故为兵馈之。」予何为不受？若于齐，则未有处⑤也。无处而馈之，是货⑥之也。焉有君子而可以货取乎？』

【注释】

①陈臻：孟子弟子。

②兼金：上等的好金，价值是普通金的一倍，所以称为『兼金』。金，并非黄金，一般指铜。

③薛：齐国的一个封邑。

④赆：这里指路上的路费。

⑤未有处：没有理由。

⑥货：这里作动词，是贿赂的意思。

【译文】

陈臻问孟子：『以前在齐国，齐王送给您上等金一百镒，您不接受；在宋国，宋君送了七十镒，您接受了；在薛，薛君送了五十镒，您也接受了。如果说，以前不接受是对的，那么现在接受就是不对的；如果现在接受是对的，那么以前不接受就是不对的。在二者之中老师必定有一个是不对的。』

孟子说：『二者都是对的。在宋国的时候，我准备到远处去，远行的人必定要有路费，宋君说：「送上一些路费。」我为什么不接受呢？在薛的时候，〔听说路上有危险，〕我有戒备之心，薛王说：「听说您需要戒备，所以送一点买兵器的钱。」我为什么不接受呢？至于在齐国，就没有什么理由。没有什么理由而赠送钱，这就是贿赂。哪有君子可以接受贿赂的道理呢？』

第四章

【原文】

孟子之平陆①，谓其大夫②曰：『子之持戟之士③，一日而三失伍④，则去之否乎？』

曰：『不待三。』

『然则子之失伍也亦多矣。凶年饥岁，子之民老羸转于沟壑、壮者散而之四方者，几千人矣。』

曰：『此非距心之所得为也。』

曰：『今有受人之牛羊而为之牧之者，则必为之求牧⑤与刍矣。求牧与刍而不得，则反诸其人乎？抑亦立而视其死与？』

曰：『此则距心之罪也。』

他日，见于王曰：『王之为都⑥者，臣知五人焉。知其罪者，惟孔距心。』为王诵⑦之。

王曰：『此则寡人之罪也。』

【注释】

①平陆：齐国边境邑名。

②大夫：据下文，这里的大夫名孔距心。

③持戟（jǐ）之士：守卫的士兵。一说为战士。

④失伍：失其行伍，意谓脱离职守。

⑤牧：这里指牧场。

⑥都：都邑。

⑦诵：背诵复述。

【译文】

孟子到平陆，对平陆的长官孔距心说：『你的守卫战士，一天之中三次失职脱离岗位，你是否要开除他呢？』

孔距心说：『用不着等到三次便开除他。』

孟子说：『那么，你的失职之处也很多。灾荒饥馑之年，你的人民百姓，老弱的转死于沟壑之中，青壮年流散到四方的，将近有一千人。』

孔距心说：『〔由于有灾害〕，这不是我的力量所能做到的。』

孟子说：『假如现在有一个接受别人的牛羊而为别人放牧的人，那么他必须为这群牛羊寻找牧场与草料。如果寻找不到牧场与草料，是将牛羊归还给它的原主呢，还是站在那里看着牛羊一只只死掉？』

孔距心说：『如此说来，这就是我的错了。』

过了些时候，孟子见到齐王，说：『在齐国境内的都邑长官，我认识五位。能够认识自己过错的，只有孔距心一人。』于是把那件事复述了一遍。

齐王说：『这样说来，这是我的错误啊。』

第五章

【原文】

孟子谓蚳蛙[1]曰：『子之辞灵丘[2]而请士师[3]，似也，为其可以言也。今既数月矣，未可以言与？』

蛙谏于王而不用，致为臣而去[4]。齐人曰：『所以为蛙则善矣；所以自为，则吾不知也。』

公都子[5]以告。

曰：『吾闻之也：有官守者，不得其职则去；有言责者，不得其言则去。我无官守，我无言责也，则吾进退，岂不绰绰然[6]有余裕哉？』

【注释】

①蚳（chí）蛙：人名，齐国的大夫。

②灵丘：地名，齐国边境的邑。

③士师：官名，掌禁令、狱讼、刑罚，古代为法官的通称。

④谏于王而不用，致为臣而去：向君王进谏不被采纳，便辞职而去。

⑤公都子：孟子的弟子。

⑥绰绰然：绰（chuò），宽裕的样子。

【译文】

孟子对蚳蛙说：『你辞去灵丘邑宰职位而去当士师，似乎做得很对，因为可以向王进谏。现在〔您任新职〕已有好几个月，还不能进言吗？』

蚳蛙向王进谏而不被采纳，便辞职而去。齐国便有人说：『〔孟子〕为蚳蛙出的主意挺不错，〔但蚳蛙〕自己的打算，我可不知道。』

公都子把情况转告了孟子。

〔孟子〕说：『我曾听说过：有官职的人，〔如〕不能尽其职责便可辞去；有进言责任的人，〔如〕进谏无效便可辞去。我既没有官职，又没有进谏之责，那么，我的行动进退，岂不是从容自如大有活动的余地吗？』

第六章

【原文】

孟子为卿于齐，出吊于滕①，王使盖大夫王驩②为辅行③。王朝暮见，反齐、滕之路，未尝与之言行事也。

公孙丑曰：『齐卿之位，不为小矣；齐、滕之路，不为近矣，反之而未尝与言行事，何也？』

曰：『夫既或治之，予何言哉？』

【注释】

①出吊于滕：到滕国去吊丧。指滕文公之丧。

②盖大夫王驩：盖（gě），齐国邑名，故城在今山东沂水县西北。王驩（huān），齐王宠信的嬖臣。

③辅行：副使。指跟孟子到滕吊丧的副使。

【译文】

孟子在齐国当卿相，奉命去滕国吊丧。〔齐〕王派盖邑大夫王驩为副使同往。王〔跟孟子〕从早到晚在一起，往返于齐、滕两国途中，〔孟子〕不曾跟他交谈过公事。

公孙丑说：『齐卿的官位，可不算小，齐、滕之间的路程，也不算近；但往还途中未曾跟他谈过公事，这是为什么？』

〔孟子〕说：『有关的事他一个人擅自包办了，我还有什么话可说呢？』

第七章

【原文】

孟子自齐葬于鲁[1]，反于齐，止于嬴[2]。

充虞请曰：『前日不知虞之不肖，使虞敦匠事[3]。严[4]，虞不敢请。今愿窃有请也：木若以[5]美然。』

曰：『古者棺椁无度[6]，中古[7]棺七寸，椁称之。自天子达于庶人，非直为观美也，然后尽于人心。不得，不可以为悦；无财，不可以为悦。得之为有财，古之人皆用之，吾何为独不然？且比化者[8]无使土亲肤，于人心独无恔⑨乎？吾闻之也：君子不以天下俭其亲。』

【注释】

①葬于鲁：孟子丧母，葬在鲁国。
②嬴：古邑名，在今山东莱芜县西北。
③敦匠事：敦，治事、管理。匠事，木匠的工作。
④严：急、忙、无暇。
⑤以：太、过于。
⑥无度：没有尺寸规定和标准。
⑦中古：周公以前时代。
⑧化者：化，死。死者。
⑨恔（xiào）：快、快慰。

【译文】

孟子从齐国到鲁国埋葬母亲，又返回齐国，在嬴县停留。

充虞请问道：『以前承蒙您不嫌弃我，让我经管棺椁的事。当时很匆忙，我不敢请教。现在私下想请教，棺木似乎太美了些。』

孟子回答：『上古时代，内棺外椁没有固定标准。到了中古，规定内棺厚七寸，外椁厚度同它相称。上自天子下至平民百姓，都是如此。并不仅仅是为了外观好看，而是只有这样才算尽了孝心。不能用上等木材，当然会不高兴；没有财力办到，也会不高兴。既有用上等木料的地位，又有这样的财力，古代的人都这样做了，为什么唯独我不能这样做？而且，为了不使死者的尸体和泥土挨在一起，这对孝子来说不是可以没有遗憾吗？我曾听说过，君子不因为天下爱惜财物而节省父母的送葬费用。』

第八章

【原文】

沈同①以其私问曰：『燕可伐与？』

孟子曰：『可；子哙不得与人燕，子之不得受燕于子哙。有仕于此，而子悦之，不告于王而私与之吾子之禄爵；夫士也，亦无王命而私受之于子，则可乎？何以异于是？』

齐人伐燕。或问曰：『劝齐伐燕，有诸？』

曰：『未也；沈同问「燕可伐与」，吾应之曰，「可」，彼然而伐之也。彼如曰，「孰可以伐之？」则将应之曰，「为天吏，则可以伐之。」今有杀人者，或问之曰，「人可杀与？」则将应之曰，「可」。彼如曰，「孰可以杀之？」则将应之曰：「为士师，则可以杀之。」今以燕伐燕，何为劝之哉？』

【注释】

①沈同：齐国大臣。

【译文】

沈同以私人身份问孟子：『燕国可以攻打吗？』

孟子回答：『可以。子哙不应该把燕国交给别人，子之也不能从子哙手中接受燕国。假如有个人在这里做官，你喜欢他，而瞒着君王把你的俸禄爵位私自让给他，而这个人，也没有君王的命令而私自接受你的俸禄爵位，这样可以吗？燕国的情况同这有什么区别？』

齐国军队果真去攻打燕国。有人问孟子：『您劝齐国攻打燕国，有这一回事吗？』

孟子回答：『没有。沈同问我「燕国可以攻打吗」，我回答他说「可以」，他们就这样去攻打燕国了。他如果问：「谁可以攻打燕国？」我便会回答他说：「只有天吏，才可以攻打它。」就比如有个杀人犯，有人问我：「这杀人犯应该处死吗？」我将回答他：「应该处死。」他如再问：「谁可以处死他？」我将回答他：「只有士师，才可以处死他。」现在以一个同燕国一样应该攻打的国家去攻打燕国，我为什么要劝他呢？』

第九章

【原文】

燕人畔[1]。王曰：『吾甚惭[2]于孟子。』

陈贾[3]曰：『王无患焉。王自以为与周公孰仁且智』？

王曰：『恶，是何言也？』

曰：『周公使管叔监殷，管叔以殷畔[4]。知而使之，是不仁也；不知而使之，是不智也；仁智，周公未之尽也，而况于王乎？贾请见而解之。』

见孟子，问曰：『周公何人也？』

曰：『古圣人也。』

曰：『使管叔监殷，管叔以殷畔也，有诸？』

曰：『然。』

曰：『周公知其将畔而使之与？』

曰：『不知也。』

『然则圣人且有过与？』

曰：『周公，弟也；管叔，兄也；周公之过，不亦宜乎？且古之君子，过则改之；今之君子，过则顺之。古之君子，其过也，如日月之食，民皆见之；及其更⑤也，民皆仰之。今之君子，岂徒顺之，又从为之辞⑥。』

【注释】

①畔：通『叛』。齐国破燕之后，赵国帮助燕人另立燕昭王，反抗齐国，所以对齐国来说就是『燕畔』。

②惭：即惭愧。

③陈贾：齐国大夫。

④据《史记》载：周武王去世后，成王年少，周公旦辅持朝政。管叔、蔡叔恐周公旦于成王不利，乃挟武庚作乱。后周公旦承成王命伐武庚，杀管叔，放逐蔡叔。

⑤更：改变。

⑥辞：借口。

【译文】

燕国人起而抗齐。齐王说道：『（孟子对我建议了那么多好方法，现在这种局面，使）我感到面对孟子应当很惭愧啊！』

陈贾劝道：『大王您不要在这件事情上难过了。您自己掂量掂量，和周公相比，谁在仁和智方面强一些呢？』

齐王说：『咄，这是什么话！』

陈贾说道：『周公任命管叔去治理殷，管叔却率领殷地的人起来造反。这种结果，若周公早有预见却仍然派遣管叔去殷地，那就是周公不仁；如果周公始料不及，没想到后果就派管叔去殷地执政，那就是周公不明智，不善察人。仁和智，周公那样的圣人都没有尽善尽美地做到，何况大王您呢？我请求去见孟子把这事儿解释清楚。』

陈贾见了孟子以后，问道：『周公是什么人呀？』

孟子回答道：『是古代的大圣人。』

陈贾又说：『派遣管叔去殷地执政，管叔却鼓动殷人起来造反，周公做过这件事吗？』

孟子回答道：『做过的。』

陈贾接着追问：『周公预先就知道管叔将会谋反，而派遣他去殷地的吗？』

孟子回答道：『他事先并没有预见到。』

陈贾于是说：『那么圣人也会犯错误喽？』

孟子回答道：『周公是弟弟，管叔是哥哥，（难道弟弟还会怀疑同胞兄长谋反吗？）周公所犯的错误，也是人之常情，不足为怪。而且，古代的圣人君子，有了缺点错误就会立即改正；但现在的某些所谓君子呢，有了错误竟将错就错，不思悔改。古代的君子，他的过错就好像日食月食一样，人民群众都看得一清二楚；一旦他改正，老百姓都抬起脑袋高兴而敬重地望着他。现在有些所谓君子，哪里仅仅是将错就错而已，甚至还要编造一套五花八门的理由和借口来为自己辩护。』

第十章

【原文】

孟子致为臣①而归。王就见孟子，曰：『前日愿见而不可得，得侍同朝②，甚喜。今又弃寡人而归，不识可以继此而得见乎？』

对曰：『不敢请耳，固所愿也。』

他日，王谓时子③曰：『我欲中国④而授孟子室，养弟子以万钟⑤，使诸大夫国人皆有所矜式⑥，子盍为我言之？』时子因陈子⑦而以告孟子，陈子以时子之言告孟子。

孟子曰：『然。夫时子恶知其不可也？如使予欲富，辞十万而受万⑧，是为欲富乎？季孙曰：「异哉子叔疑！使己为政，不用，则亦已矣，又使其子弟为卿。人亦孰不欲富贵？而独于富贵之中，有私龙断焉⑨。」古之为市也，以其所有，易其所无者，有司者治之耳。有贱丈夫焉，必求龙断而登之，以左右望而罔市利。人皆以为贱，故从而征之。征商自此贱丈夫始矣。』

【注释】

①致为臣：辞官。

②得侍同朝：在一起做事。这是齐王的客气话。

③时子：齐国大臣。

④中国：即国中，在首都临淄。国，指都城。

⑤万钟：俸禄的数目。一钟等于六斛四斗。

⑥矜式：效法、学习的榜样。

⑦陈子：孟子弟子陈臻。

⑧辞十万而受万：辞十万，指辞去卿大夫之位，卿的俸禄又高于现在许诺的万钟。

⑨龙断：即垄断。

【译文】

孟子辞去齐国卿位决定回乡。齐宣王主动去看他，说：『过去想见您而没有机会，后来有机会一起做事情，我非常高兴。现在您却要弃我而去，不知以后还能见上面吗？』

孟子说：『只是我不敢提出来罢了，这本是我很希望的。』

过了几天，齐宣王对时子说：『我想在都城送给孟子一套房子，每年给他一万钟俸禄，让我们国家的官员和民众能有个效法的榜样，你为什么不替我转达给孟子呢？』时子通过孟子的学生陈臻把这话传给孟子，陈臻把时子的话原原本本地告诉了孟子。

孟子说：『唉。时子怎么明白这不行呢？如果我想富的话，怎么会推辞十万俸禄而去接受一万钟的俸禄，我难道是想富贵吗？季孙说：「子叔疑太奇怪！自己执政，退职后又让他的子弟做卿大夫。哪个人不想富贵呢？他却想让自己家族垄断富贵的机会。」上古设立市场，是用自己所有的，换自己没有的，市场的管理员只是管理市场秩序。有道德卑下的男人，一定要选高处，站在高处左右张望，哪里能赚钱就到哪里。人们都认为这人道德卑下，所以开始征税。向商人征税就从这道德卑下的男人开始。』

滕文公上

第一章

【原文】

滕文公为世子①，将之楚，过宋而见孟子②。孟子道性善，言必称尧舜③。

世子自楚反，复见孟子。孟子曰：『世子疑吾言乎？夫道一而已矣。成覸谓齐景公曰④：「彼丈夫也，我丈夫也，吾何畏彼哉？」颜渊曰：「舜何人也？予何人也？有为者亦若是。」公明仪曰⑤：「文王我师也，周公岂欺我哉？」今滕，绝长补短，将五十里也，犹可以为善国。《书》曰：「若药不瞑眩，厥疾不瘳⑥。」』

【注释】

①世子：天子和诸侯的嫡长子。

②过宋而见孟子：滕文公为世子，出使楚国时经过宋国，当时孟子在宋国，和他相见了。

③孟子道性善：道，讲。性，是人禀受于天以生之理。

④成覸（xiàn）：齐景公手下的一个以勇敢而出名的臣子。

⑤公明仪：公明，姓，仪，名；鲁国的贤人，曾子的弟子。

⑥《书》曰，若药不瞑眩，厥疾不瘳：二句是说药力不猛，便治不好病。

【译文】

滕文公做太子时，将要出使到楚国去，路过宋国，便特地去看望孟子。孟子跟他讲了人性善的观点，开口不离尧舜。

太子从楚国回来时，又会见了孟子。孟子说：『太子怀疑我的话吗？道理只有一个罢了。成覸对齐景公说：「他是男子大丈夫，我也是男子大丈夫，我干吗要怕他呢？」颜渊说过：「舜是什么样的人呢？我是什么样的人呢？有作为的人也应该像他一样。」公明仪曾经说：「文王是我的老师，周公难道会骗我吗？」现在滕国（虽小），假使将土地截长补短（进行丈量），也将有五十里见方大，还是可以建设成一个好国家。《书》说：「如果一种药服了后不使人产生头晕目眩的感觉，那个病是不会好的。」』

第二章

【原文】

滕定公薨①，世子谓然友②曰：『昔者孟子尝于我言于宋，于心终不忘。今也不幸至于大故③，吾欲使子问于孟子，然后行事。』

然友之邹，问于孟子。

孟子曰[4]：『不亦善乎！亲丧，固所自尽也。曾子曰：「生，事之以礼；死，葬之以礼，祭之以礼，可谓孝矣。」诸侯之礼，吾未之学也；虽然，吾尝闻之矣。三年之丧[5]，齐疏之服[6]，飦粥之食[7]，自天子达于庶人，三代共之。』

然友反命，定为三年之丧。父兄百官皆不欲，曰：『吾宗国[8]鲁先君莫之行，吾先君亦莫之行也，至于子之身而反之，不可。且《志》[9]曰：「丧祭从先祖。」曰：「吾有所受之也。」』

谓然友曰：『吾他日未尝学问，好驰马试剑。今也父兄百官不我足也，恐其不能尽于大事。子为我问孟子！』

然友复之邹问孟子。

孟子曰：『然。不可以他求者也。孔子曰：「君薨，听于冢宰，歠粥，面深墨，即位而哭，百官有司莫敢不哀，先之也。」上有好者，下必有甚焉者矣。君子之德，风也；小人之德，草也。草尚之风，必偃。是在世子。』

然友反命。

世子曰：『然；是诚在我。』

五月居庐，未有命戒。百官族人可，谓曰知。及至葬，四方来观之，颜色之戚，哭泣之哀，吊者大悦。

【注释】

①滕定公薨：滕定公，文公之父。薨，侯王死为『薨』。

②然友：人名，世子之傅。
③大故：重大的事故。
④曾子曰：此处所引曾子的话，本是孔子对樊迟所说。
⑤三年之丧：按儒家所说，上古便行三年之丧。
⑥齐疏之服：用粗布做成的丧服，缝衣边。
⑦飦（zhān）粥之食：稠粥。
⑧宗国：周朝重宗法，鲁、滕诸国的始封祖都是周文王的儿子，而周公封鲁，于行辈为较长，其余姬姓诸国都以鲁为宗国。
⑨《志》：记事的书或文章称『志』，但此处所引何书不详。

【译文】

滕定公死了，太子对他的老师然友说：『过去我曾在宋国和孟子交谈过，心里一直不曾忘记。今日不幸遭遇父丧，我想请你去向孟子请教，然后再办丧事。』

然友便到邹国，去求教孟子。

孟子说：『不是很好吗？父母的丧事，本应该尽心竭力。曾子说：「当他们在世时，要依礼去侍奉；他们去世了，要依礼去安葬，依礼去祭祀，这可以说是尽孝了。」诸侯的礼节，我虽然不曾学习过，但也听说过。实行三年的丧礼，穿着粗布缝边的孝服，吃粥，从天子到百姓，夏、商、周三代都是这样。』

然友回国复命，太子便决定实行三年的丧礼。滕国的父老官吏都不愿意，说：『我们的宗国鲁国的历代君主都没有这样实行丧礼，我们历代的祖先也没有实行过，到你这一代却改变了祖先的做法，这是不行的。而且《志》上说：「丧礼、祭礼一定要依从祖宗的规矩。」我们的道理是从这一传统继承下来的。』

太子对然友说：『我过去没有搞过学问，只喜欢跑马舞剑。现在父老官吏都对我不满意，恐怕我不能尽力把丧礼办好。你再替我去请教孟子。』

然友又到邹国去请教孟子。

孟子说：『知道了；这是不能求于别人的。孔子说过：「君主死了，太子把一切事务交给宰相处理，喝着粥，面色深黑，在灵前痛哭流涕，大小官吏没有人敢不悲哀，因为太子亲自带头的缘故。」居上位的喜好什么，下面的人肯定会更加喜好。君子的德好比风；小人的德好比草，风向哪边吹，草就向哪边倒。这件事完全取决于太子。』

然友回国复命。

太子说：『对，这事取决于我。』

于是太子住在丧庐中五个月，不曾颁布过命令和戒令。官吏和同族们都很赞成，认为这样做是知礼。等待举行葬礼的时候，四面八方的人都来观礼，太子容色的悲惨，哭泣的哀痛，使前来吊丧的人都非常满意。

第三章

【原文】

滕文公问为国。

孟子曰：『民事不可缓也。《诗》云：「昼尔于茅，宵尔索绹，亟其乘屋，其始播百谷[1]。」民之为道也，有恒产者有恒心，无恒产者无恒心。苟无恒心，放辟邪侈，无不为已。及陷乎罪，然后从而刑之，是罔民也。焉有仁人在位罔民而可为也？是故贤君必恭俭礼下，取于民有制。阳虎[2]曰：「为富不仁矣，为仁不富矣。」

『夏后氏五十而贡，殷人七十而助，周人百亩而彻，其实皆什一也。彻者，彻[3]也；助者，藉[4]也。龙子[5]曰：「治地莫善于助，莫不善于贡。」贡者，挍[6]数岁之中以为常。乐岁，粒米狼戾[7]，多取之而不为虐，则寡取之；凶年，粪其田而不足，则必取盈焉。为民父母，使民盻盻然[8]，将终岁勤动，不得以养其父母，又称[9]贷而益之，使老稚转乎沟壑，恶在其为民父母也？夫世禄，滕固行之矣。《诗》云：「雨我公田，遂及我私。」惟助为有公田。由此观之，虽周亦助也。

『设为庠序学校以教之。庠者，养也；校者，教也；序者，射也。夏曰校，殷曰序，周曰庠；学则三代共之，皆所以明人伦也。人伦明于上，小民亲于下。有王者起，必来取法，是为王者师也。

『《诗》云：「周虽旧邦，其命惟新。」文王之谓也。子力行之，亦以新子之国！』

使毕战问井地。

孟子曰：『子之君将行仁政，选择而使子，子必勉之！夫仁政，必自经界始。经界不正，井地不钧，谷禄不平，是故暴君污吏必慢其经界。经界既正，分田制禄可坐而定也。

『夫滕，壤地褊小，将为君子焉，将为野人焉。无君子，莫治野人；无野人，莫养君子。请野九一而助，国中什一使自赋。卿以下必有圭田，圭田五十亩；余夫二十五亩。死徙无出乡，乡田同井，出入相友，守望相助，疾病相扶持，则百姓亲睦。方里而井，井九百亩，其中为公田。八家皆私百亩，同养公田；公事毕，然后敢治私事，所以别野人也。此其大略也；若夫润泽之，则在君与子矣。』

【注释】

①昼尔于茅，宵尔索绹，亟其乘屋，其始播百谷：昼，白天。茅，草。宵，夜里。索，搓绳子。亟，急。乘，修缮。

②阳虎：即阳货。鲁国季氏的家臣。

③彻：通、通行。

④藉：借、凭借。

⑤龙子：古代贤人。

⑥挍（jiào）：同『校』，比较。

⑦狼戾（lì）：狼藉、散乱、多而乱。

⑧盻盻（xì）然：，怒视。怒目而视的样子。

⑨称：举。雨我公田，遂及我私：井田制的百姓盼天下雨，先落在公田，然后再落到我的私田里。周虽旧邦，其命惟新：惟，助词，无义。意思是，周虽然是个古老的国家，但是它禀承天命，国运充满新气象。毕战：人名，滕国的臣。经界：井田的边界。经，同界。不钧：钧与均，古代相通用。为：有。圭（guī）田：圭，洁、洁净。圭田，供祭祀使用的田地。

【译文】

滕文公询问治国的事情。

孟子说：『老百姓的事是刻不容缓的。《诗经》上说：「白天出外割茅草，晚上搓绳长又长，急急忙忙盖屋顶，开春要播各种粮。」百姓的基本情况是，有固定产业的才有安分守己的意念，没有固定产业的就没有安分守己的意念。如果没有安分守己的意念，就放荡不羁，胡作非为，什么事都做得出来。等到他们犯了罪，然后去加以处罚，这是陷害百姓。哪有仁爱的人在位，做出陷害百姓的事来的呢？所以贤明的君主一定办事严谨，节省开支，尊重下属。阳虎说过：「要财富就不能仁爱，要仁爱就发不了财。」

『夏代每家土地五十亩，税收实行贡法，殷代每家土地七十亩，税收实行助法，周代每家土地一百亩，税收实行彻法，其税率实际上都是十分之一。彻，是通盘计算后缴纳十分之一的意思，助，是借助民力耕种公田的意思。龙子说过：「管理土地税收的办法，没有比助法更好的，没有比贡法更差的。」贡法，参照几年中的平均数作为标准。丰收年份，粮食堆积，多征收一些不算暴虐，却不多收；灾荒年份，收获量连第二年肥田的费用都不够，却非按标准收满不可。君主号称民众的父母，却使民众一年到头劳苦不堪，不能够赡养自己的父母，还要靠借贷来凑足税额，逼得老人小孩抛尸露骨在山沟之中，这是怎么做民众的父母的呢？大官吏世代承袭的俸禄，滕国早已实行了。《诗经》上说：「雨点落到公田里，同时洒到我私田。」只有实行助法才有公田。由此看来，就是周代也是实行助法的。

『要兴办庠序学校来教育人们。庠，是培养的意思；校，是教导的意思；序，是习射的意思。地方学校，夏代称作校，殷代称作序，周代称作庠，至于大学，三代都称作学，都是用来阐明人际关系准则的。居上位的人明白了人际关系准则，下面的百姓就会亲密地团结。如果有贤明的君王兴起，一定前来学习效法，这样就可以做贤明君王的老师了。

『《诗经》上说：「岐周虽是旧邦国，接受天命新气象。」这是赞美周文王的诗句。你努力实行吧，也可以使你的国家气象一新。』

滕文公派毕战请教井田制度。

孟子说：『你的君主准备实行仁政，特地挑选你来，你一定要努力啊！实行仁政，一定要从划分田界开始。田界划分不正确，井田大小不均匀，作为俸禄的田租收入就不会公平，所以暴虐的君主和贪官污吏必然搞乱正确的田界。田界划分正确了，分配田地，制定俸禄，可不费力地确定下来。

『滕国，土地狭小，可也得有官员，有农夫。没有官员就没人管理农夫，没有农夫就没人养活官员。请考虑在乡村实行九分抽一的助法，城市中实行十分抽一的贡法。卿相以下官员一定有祭祀用的圭田，圭田每家五十亩。多余劳动力，每人土地二十五亩。无论埋葬和搬迁，都不出本乡范围，同一井田的邻居，出入相互友爱，防御盗贼，相互帮助，身患疾病，相互照顾，如此，百姓就亲密和睦了。每方圆一里，划分为一个井田，一个井田九百亩，当中一百亩是公田。八家都各自有私田一百亩，共同耕种公田。公田耕种完毕，然后再料理私人事务，这就是官员与农夫的差别。这只是一个大致轮廓。如果要调整得更合理些，就在于君主和你了。』

第四章

【原文】

有为神农之言①者许行，自楚之滕，踵②门而告文公曰：『远方之人闻君行仁政，愿受一廛③而为氓。』④

文公与之处。

其徒数十人，皆衣褐，捆屦、织席以为食。

陈良之徒陈相与其弟辛负耒耜而自宋之滕，曰：『闻君行圣人之政，是亦圣人也。愿为圣人氓。』

陈相见许行而大悦，尽弃其学而学焉。

陈相见孟子，道许行之言曰：『滕君则诚贤君也；虽然，未闻道也。贤者与民并耕而食，饔飧⑤而治。今也滕有仓廪府库，则是厉⑥民而以自养也，恶得贤？』

孟子曰：『许子必种粟而后食乎？』

曰：『然。』

『许子必织布而后衣乎？』

曰：『否。许子衣褐。』

『许子冠乎？』

曰：『冠。』

曰：『奚冠？』

曰：『冠素。』

曰：『自织之与？』

曰：『否，以粟易之。』

曰：『许子奚为不自织？』

曰：「害于耕。」

曰：「许子以釜甑爨⑦，以铁耕乎？」

曰：「然。」

「自为之与？」

曰：「否，以粟易之。」

「以粟易械器者，不为厉陶冶；陶冶亦以其械器易粟者，岂为厉农夫哉？且许子何不为陶冶，舍⑧皆取诸其宫中⑨而用之？何为纷纷然与百工交易？何许子之不惮烦？」

曰：「百工之事，固不可耕且为也。」

「然则治天下独可耕且为与？有大人之事，有小人之事。且一人之身，而百工之所为备，如必自为而后用之，是率天下而路也。故曰，或劳心，或劳力；劳心者治人，劳力者治于人；治于人者食人，治人者食于人，天下之通义也。

「当尧之时，天下犹未平，洪水横流，泛滥于天下，草木畅茂，禽兽繁殖，五谷不登，禽兽人，兽蹄鸟迹之道交于中国。尧独忧之，举舜而敷治焉。舜使益掌火，益烈山泽而焚之，禽兽逃匿。禹疏九河，瀹济、漯而注诸海，决汝、汉，排淮、泗而注之江，然后中国可得而食也。当是时也，禹八年于外，三过其门而不入，虽欲耕，得乎？

「后稷教民稼穑，树艺五谷。五谷熟而民人育。人之有道也，饱食、暖衣、逸居而无教，则近于禽兽。圣人有忧之，使契为司徒，教以人伦——父子有亲，君臣有义，夫妇有别，长幼有序，朋友有信。放勋曰：

「劳之来之，匡之直之，辅之翼之，使自得之，又从而振德之。」圣人之忧民如此，而暇耕乎？

『尧以不得舜为己忧，舜以不得禹、皋陶为己忧。夫以百亩之不易为己忧者，农夫也。分人以财谓之惠，教人以善谓之忠，为天下得人者谓之仁。是故以天下与人易，为天下得人难。孔子曰：「大哉尧之为君！惟天为大，惟尧则之，荡荡乎民无能名焉！君哉舜也！巍巍乎有天下而不与焉！」尧舜之治天下，岂无所用其心哉？亦不用于耕耳。

『吾闻用夏变夷者，未闻变于夷者也。陈良，楚产也，悦周公、仲尼之道，北学于中国。北方之学者，未能或之先也。彼所谓豪杰之士也。子之兄弟事之数十年，师死而遂倍之。昔者孔子没，三年之外，门人治任将归，入揖于子贡，相向而哭，皆失声，然后归。子贡反，筑室于场，独居三年，然后归。他日，子夏、子张、子游以有若似圣人，欲以所事孔子事之，强曾子。曾子曰：「不可。江汉以濯之，秋阳以暴之，皜皜乎不可尚已。」今也南蛮鴃舌之人，非先王之道，子倍子之师而学之，亦异于曾子矣。吾闻出于幽谷迁于乔木者，未闻下乔木而入于幽谷者。《鲁颂》曰：「戎狄是膺，荆舒是惩。」周公方且膺之，子是之学，亦为不善变矣。』

『从许子之道，则市贾不贰，国中无伪，虽使五尺之童适市，莫之或欺。布帛长短同，则贾相若；麻缕丝絮轻重同，则贾相若；五谷多寡同，则贾相若；屦大小同，则贾相若。』

曰：『夫物之不齐，物之情也。或相倍蓰，或相什伯，或相千万。子比而同之，是乱天下也。巨屦小屦同贾，人岂为之哉？从许子之道，相率而为伪者也，恶能治国家？』

【注释】

①神农之言：神农，上古传说中的人物，常与伏羲氏、燧人氏并称为『三皇』。

②踵：到，至。

③廛（chán）：古代城市平民的房地。

④氓：段玉裁《说文注》认为，从其他地方来的人称为『氓』。

⑤饔飧（yōng sūn）：饔，早餐；飧，晚餐。在这里用作动词，意即做饭。

⑥厉：病。在这里作『伤害』讲。

⑦以釜甑爨：釜，煮饭的锅。甑，蒸食炊具。爨，音cuàn，烧火做饭。

⑧舍：同『啥』，什么。

⑨宫中：家中。古代住宅无论贵贱都称为宫，秦汉以后才专指帝王所居为宫。大人：指有地位、有权势者，与后文『小人』相对。路：通『露』。败。：古『逼』字。敷：施行。九河：相传黄河流至河北平原中部后，又分为九条河流。瀹济、漯而注诸海，决汝、汉，排淮、泗而注之江：瀹，音yuè，疏通河水。济、漯、汝、汉、淮、泗，全是水名。后稷：相传为周朝的始祖，姬姓，名弃。契（xiè）：相传为殷朝的祖先。放勋：尧的名字。皋陶（gāo yáo）：传说中东夷族的首领，相传曾被舜任命为掌管刑法的官。治任：收拾行李。暴：同『曝』，晒。《鲁颂》二句：见《诗经·鲁颂·閟宫》。戎狄，北方的少数民族。荆舒，南方的少数民族。膺，击退，打击。惩，制止，抵御。贾：同『价』。蓰：音xǐ，五倍。巨屦小屦：巨，粗；小，细。

【译文】

有一个奉行神农氏学说、名叫许行的人，从楚国来到滕国，登门谒见滕文公，说：『我这个远方而来的人听说君王实行仁政，希望能得到一个住所，当您的百姓。』

滕文公给了他住处。

他的门徒几十个，都穿着粗麻织成的衣服，靠打草鞋、编草席为生。

陈良的门徒陈相和他的弟弟陈辛，扛着农具从宋国来到滕国，说：『听说君王实行圣人之政，那您也是圣人了。我们愿做圣人的百姓。』

陈相见到许行，非常高兴，完全背弃了他原来〔从陈良那里〕所学的东西，而向许行学习。

陈相见到孟子，转述许行的话说：『滕君确实是个贤明的君王；虽然如此，但是他还不懂〔治国的〕道理。贤明的君王应该和百姓一起耕种，一起食用，自己做饭，并且还要治理国家。如今滕国有储粮仓和财物库，这是伤害百姓来奉养自己，怎能算是贤明呢？』

孟子问道：『许子一定自己种庄稼自己吃吗？』

陈相说：『是这样。』

孟子问道：『许子一定亲手织布然后才穿衣服吗？』

陈相说：『不是。许子只穿麻布衣服。』

孟子问道：『许子戴帽子吗？』

陈相说：『戴。』

孟子问：『戴什么帽子？』

陈相说：『戴白丝绸做的帽子。』

孟子问：『是自己亲手织的吗？』

陈相说：『不是，是用粮食换来的。』

孟子问：『许子为什么不亲手织呢？』

陈相说：『因为对种庄稼有妨碍。』

孟子问道：『许子用锅、甑做饭，用铁器耕地吗？』

陈相说：『是的。』

孟子问：『是亲自制作的吗？』

陈相说：『不是，是用粮食换来的。』

孟子说：『用粮食来换取炊具和农具，不是对瓦匠和铁匠的伤害；那么瓦匠和铁匠用炊具、农具来换取粮食，难道说是伤害农夫吗？再说，许子为什么不亲自烧窑、炼铁，什么东西都从自己家里取用？为什么许子要一遍又一遍地与工匠做交易？为什么许子这样不嫌麻烦？』

陈相答道：『各种工匠的工作，本来就不能做到边耕种边做手艺。』

孟子说：『那么，难道治理国家就能做到一边耕种一边治理吗？有官吏做的事情，有百姓做的事情。况且一个人（所需的生活资料）必须靠各种工匠的工作才能齐备，如果一定要自己制作然后再使用，这等于是率领天下的人疲于奔命。所以说，有的人做脑力劳动，有的人做体力劳动；脑力劳动者统治别人，体力劳动者被别人统治；被别人统治者供养别人，统治别人者被别人供养，这是天下通行的道理。

『在尧的时代，天下还不安定，洪水横流，四处泛滥，草木茂密丛生，鸟禽成群繁殖，五谷没有收成，禽兽威胁人类的安全，兽蹄鸟迹全国到处都有。尧为此感到担忧，便推举舜负责治理工作。舜派伯益掌管火政，伯益便点火焚烧山林沼泽，使鸟兽逃散隐藏。禹疏通九河，掘通济水和漯水而引流入于大海，挖掘汝水和汉水，排除淮河、泗水的堵塞之处，并把它们引入长江，然后中原地区才可以耕种。在这个时候，禹在外治水八年，三次经过自己的家门都没有进去，即使他想耕种庄稼，可能吗？

『后稷教给百姓耕种庄稼，栽培五谷。五谷成熟了便可使百姓得到养育。人作为人，有自己的根本原则，吃饱了，穿暖了，过着安逸的生活，如果没有教养，就和禽兽差不多。圣人又为此担忧，便派契担任司徒，教给人们人伦道德——父子之间有骨肉亲情，君臣之间有礼义之道，夫妇之间有内外之别，老少之间有长幼之序，朋友之间有真诚之信。尧说：「督促他们，安抚他们，开导他们，纠正他们，帮助他们，保护他们，使他们各得其所，然后再加以提携和教诲。」圣人就这样为百姓考虑，哪有闲暇去耕种庄稼？

『尧为得不到舜这样的人而忧虑，舜为得不到大禹和皋陶这样的人而忧虑。为百亩之地没种好而忧虑的，那是农夫。把钱财分给别人叫作惠，把为善之道教给别人叫作忠，为天下找到贤才的叫作仁。所以说，把天下让给别人容易，为天下找到贤才却困难。孔子说：「伟大啊，尧这样的圣君！只有天最伟大，只有尧能效法天。尧的圣德广阔无边，人们不知该用什么词来称赞他。舜也是个了不起的圣君！多么崇高伟大呀，虽然拥有天下，自己却不享用它！」尧、舜治理天下，难道不是竭尽全力用其心思吗？只是没有用在耕种庄稼上罢了。

『我只听说过用华夏（先进的教化）来改变夷狄落后的风俗，没有听说过华夏反被夷狄所改变。陈良，本来生长在楚国，喜欢周公、孔子的学说，从南到北来中原学习。北方的学者还没有能超过他的。他真是所谓豪杰之士啊。你们兄弟向他学习了几十年，老师一死，竟背叛了他。从前孔子去世了，门徒们守孝三年之后，收拾行装准备回家，去子贡那里作揖告别，相对而哭，泣不成声，然后才回去。子贡又回到墓地旁，重新筑屋，独自住了三年，然后回去。过了些时候，子夏、子张、子游认为有若有点像孔子，便要用敬事孔子的礼节来敬事他，非要让曾子同意。曾子说：「不行。就好像用江、汉之水洗涤过，在秋日的阳光下曝晒过，真是洁白得无法比拟。（谁能和孔子相比呢？）」现在许行这个南方蛮人，说话怪腔怪调，指责先辈圣王的学说，你们却背叛你们的老师而向他学习，那和曾子的态度便不同了。我听说过，有飞离幽暗深谷而迁到大树上的鸟，没听说过离开高大的树木而飞进幽暗深谷的鸟。《鲁颂》说过：「攻击戎狄，惩治荆舒。」（楚国这样的国家）周公还要攻击它，你却赞同他的道理，向他学习，这也就是不善于用华夏改变夷狄。』

陈相说：『如果按照许子的学说，那么就会做到市场上物价一致，国内没有欺诈行为，即使让一个小孩去市场，也没有人欺骗他。布匹丝绸的长短一样，价钱便相同；麻线丝绵的轻重一样，价钱便相同；五谷多少相等，价钱便一样；鞋的大小一样，价钱便相同。』

孟子说：『各种东西的品种质量不一样，这是事物的自然属性。它们的价钱有的相差一倍或五倍，有的相差十倍百倍，有的相差千倍万倍。你要使它们一致，这是扰乱天下。制作粗糙的鞋和精致的鞋价钱相同，人们会这样干吗？听从许子的主张，是率领大家互相欺诈，怎么能够治理好国家呢？』

第五章

【原文】

墨者夷之①因徐辟②而求见孟子。孟子曰：『吾固愿见，今吾尚病，病愈，我且往见，夷子不来③！』

他日，又求见孟子。孟子曰：『吾今则可以见矣。不直，则道不见④；我且直之。吾闻夷子墨者，墨之治丧也，以薄为其道也；夷子思以易天下，岂以为非是而不贵也；然而夷子葬其亲厚，则是以所贱事亲也。』

徐子以告夷子。

夷子曰：『儒者之道，古之人若保赤子⑤，此言何谓也？之则以为爱无差等，施由亲始。』

徐子以告孟子。

孟子曰：『夫夷子信以为人之亲其兄之子为若亲其邻之赤子乎？彼有取尔也。赤子匍匐将入井，非赤子之罪也。且天之生物也，使之一本，而夷子二本故也。盖上世尝有不葬其亲者，其亲死，则举而委之于壑。他日过之，狐狸食之，蝇蚋姑嘬之⑥。其颡有泚⑦，睨而不视。夫也，非为人，中心达于面目，盖归反虆梩⑧而掩之。掩之诚是也，则孝子仁人之掩其亲，亦必有道矣。』

徐子以告夷子。夷子怃然为间⑨曰：『命之矣。』

【注释】

①墨者夷之：信奉墨子学说、名叫夷之的人。

②徐辟：孟子的弟子。

③夷子不来：不，勿；毋；不必。

④见：同『现』。

⑤古之人若保赤子：古代的人爱护百姓像爱护婴儿。

⑥蝇蚋姑嘬之：苍蝇蚊子一类小虫在吮吸它。

⑦其颡有泚：他额头上有汗。颡（sǎng），额，脑门子。泚（cǐ），出汗的样子。

⑧蘽梩：蘽（léi雷），盛土的笼。梩（lí）或（sì），锹、锸一类铲土的工具。

⑨怃然为间：怅惘地停顿了一会。怃（wǔ），荡然若有所失。间，间歇，一会儿。命：教。

【译文】

墨家学说的信奉者夷之，通过徐辟的关系求见孟子。孟子说：『我本来愿意相见，但我现在有病，等病好了，我争取去看他，夷先生就不必来了吧！』

过了一些时候，又要求会见孟子。孟子说：『我现在可以会见了。（如果）不实话实说，真理就不能显现。我就照直说吧！我听说夷先生是墨子的信徒，墨家办理丧事，以简单为原则；夷先生想以此变革天下（的风俗），可能是认为不这样做就不足为贵；然而夷先生安葬自己的父母却相当讲究，那就是用他所蔑视的礼节来对待他的父母吧！』

徐辟把它转告给夷子。

夷子说：『儒家的学说认为，古代君王（爱护百姓）像爱护婴儿，这句话的含义是什么？我认为人类之爱没有等级差别，要施行应该从父母开始。』

徐子将它转告给孟子。

孟子说：『夷先生真的认为人们爱自己的侄子会跟爱邻居的婴儿一样吗？他只不过根据这一点罢了：婴儿在地上爬行快要摔到井里，这绝不是婴儿自己的罪过。而且，天生万物，只有一个根本，而夷先生偏认为是两个根本。大概在上古时代曾经有过不安葬父母的人，父母一死，便把尸体抛掷山沟。隔些日子路过那里，（见到）狐狸吃它，苍蝇蚊子吮吸它，不禁额头冒汗，斜眼瞟望而不敢正视。这汗水，不是流给别人看的，而是内心（愧悔溢于言表）禁不住从面部显示出来的。也许他会回家取来铲泥盛土的工具来掩埋尸体。掩埋它的确是对的，那么，孝子仁人埋葬他们的父母，也必然是有道理的。』

徐子把它转告了夷子。夷子茫然地迟疑了一会儿，才说：『我算领教了。』

滕文公下

第一章

【原文】

陈代①曰：『不见诸侯，宜若小然；今一见之，大则以王，小则以霸。且《志》曰：「枉尺而直寻」，宜若可为也。』

孟子曰：『昔齐景公田，招虞人②以旌，不至，将杀之。志士不忘在沟壑，勇士不忘丧其元。孔子奚取焉？取非其招不往也。如不待其招而往，何哉？且夫枉尺而直寻者，以利言也。如以利，则枉寻直尺而利，亦可为与？昔者赵简子使王良与嬖奚③乘，终日而不获一禽。嬖奚反命曰：「天下之贱工也。」或以告王良。

良曰：「请复之。」强而后可，一朝而获十禽。嬖奚反命曰：「天下之良工也。」简子曰：「我使掌与女乘。」谓王良，良不可，曰：「吾为之范我驰驱，终日不获一；为之诡遇，一朝而获十。《诗》云：不失其驰，舍矢如破④。我不贯⑤与小人乘，请辞。」御者且羞与射者比；比而得禽兽，虽若丘陵，弗为也。如枉道而从彼，何也？且子过矣：枉己者，未有能直人者也。』

【注释】

①陈代：孟子的学生。

②虞人：看守皇帝或是诸侯园子的小官吏。

③赵简子：即赵鞅，春秋末年晋国的正卿。王良：晋国著名的驾车能手。嬖奚：赵简子的宠臣名叫奚的。

④《诗》云：此处诗名引自《诗·小雅·车攻》第六章。《车攻》是一首以周宣王田猎为题材的颂歌。舍矢：放矢、放箭。破：有杀伤的意思。

⑤贯：同『惯』，习惯。

【译文】

陈代说：『不去见诸侯似乎是小事，现今一去见他们，大可以一统天下，小可以称霸于世。《志》书上说：「屈曲一尺而伸直八尺」，应该说似乎是可以干的。』

孟子说：『从前齐景公田猎，用旌去传唤管理山林园子的虞人，虞人不去，景公要处死他。孔子得知后说「志士不怕弃尸山沟，勇士不怕丧失头颅」，孔子赞赏什么呢？是赞赏虞人对不符合礼仪的传唤不应承。要是不待传唤而去应承，那算什么呢？所谓「屈曲一尺而伸直八尺」，是从利上来说的。要说利，如果屈曲八尺而伸直一尺有利，是否也能做呢？从前赵简子派王良为他宠幸的小臣奚驾车，一整天捕不到一只鸟。奚向赵简子汇报说：「王良是天下最拙劣的车手。」有人把这话告诉了王良，王良说：「请让我们再去一次。」经过强求之后才获允准，结果一个早上就捕到了十只鸟。奚向赵简子汇报说：「王良是天下最优秀的车手。」赵简子说：「我派他专门为你驾车。」便告诉了王良。王良不同意，说：「我替他按规范驾车，一整天捕不到一只；不按照规范驾车，一个早上就捕到了十只。」《诗》经里说：『不失规范地奔驰，一箭发出就射中。』我不习惯替小人驾车，请不要任命。」车手尚且羞于与奚这样的射手合作，即便合作得的鸟兽多得像山丘一样，也不肯干。要是损害了原则去阿附诸侯，那算是什么呢？而且你错了，自己不行正道的人未曾有过能纠正别人的。凡是枉屈自己的人，没有一个能够使他人正直的。」

第二章

【原文】

景春①曰：『公孙衍、张仪②岂不诚大丈夫哉？一怒而诸侯惧，安居而天下熄③。』

孟子曰：『是焉得为大丈夫乎！子未学礼乎？丈夫之冠④也，父命⑤之；女子之嫁也，母命之，往送之门，戒之曰：「往之女家，必敬必戒，无违夫子！」以顺为正者，妾妇之道也。

『居天下之广居，立天下之正位，行天下之大道；得志与民由之，不得志独行其道；富贵不能淫⑥，贫贱不能移⑦，威武不能屈：此之谓大丈夫。』

【注释】

①景春：当时的纵横家。

②公孙衍、张仪：都是魏国人，先后为秦国宰相，张仪名气更大。

③熄：同『息』。

④冠：男子成年后戴的帽子。古代士阶层男子，年二十要举行冠礼。

⑤命：任、给。此作『训导』讲。

⑥淫：乱。

⑦移：改变。

【译文】

景春说：『公孙衍、张仪这两个人难道不是真正的大丈夫吗？一发脾气，诸侯都害怕；不在外活动，天下便战争平息。』

孟子说：『那怎么能称为大丈夫呢！您没有学过礼吗？男子举行加冠礼的时候，父亲给予训导；女子出嫁的时候，母亲给予训导，并送到门口，告诫女儿：「到了你丈夫家里，一定要谨慎，要恭敬，不要违背丈夫的意志。」以顺从为原则，就是妇女之道。

『（对男子来说，）应住在天下最宽广的住宅中，站在天下最正确的位置上，走在天下最光明的大道上。得志的时候，同老百姓一起循着大道前进；不得志的时候，自己坚持自己的理想继续奋斗。富贵不能乱其心，贫贱不能变其节，威武不能挫其志：这样做才叫大丈夫。』

第三章

【原文】

周霄问曰：『古之君子仕乎？』[1]

孟子曰：『仕。传曰「孔子三月无君则皇皇如也，[2]出疆必载质」，[3]公明仪曰：「古之人三月无君则吊。」』[4]

『三月无君则吊，不以急乎？』

曰：『士之失位也，犹诸侯之失国家也。礼曰：「诸侯耕助以供粢盛，[5]夫人蚕缫以为衣服。[6]牺牲不成，粢盛不洁，[7]衣服不备，不敢以祭。」惟士无田则亦不祭，牲杀、器皿、衣服不备，不敢以祭，则不敢以宴，亦不足吊乎？』[8]

『出疆必载质，何也？』

曰：『士之仕也犹农夫之耕也，农夫岂为出疆舍其耒耜哉？』[9]

曰：『晋国亦仕国也，未尝闻仕如此其急。仕如此其急也，君子之难仕何也？』

曰：『丈夫生而愿为之有室，女子生而愿为之有家，父母之心人皆有之。不待父母之命、媒妁之言，钻穴隙相窥，逾墙相从，则父母、国人皆贱之。古之人未尝不欲仕也，不恶不由其道。不由其道而往者，与钻穴隙之类也。』

【注释】

①周霄：赵注云：『魏人也。』

②三月：三个月是一个季节，时令有变化，古人多以此为衡量事物进展的尺度。皇皇：惶惶不安。

③质：同『贽』，古代初次与人相见所送的礼品。

④吊：哀伤。

⑤耕助：耕种藉田。藉田是古代统治者为勉励农民而亲自参加耕种的『样板田』。粢盛：祭祀时所用的米粮。

⑥夫人：诸侯的正妻。蚕缫：养蚕缫丝。衣服：指祭祀所穿用的衣服。

⑦牺牲：祭祀所杀的牛羊，下文的『牲杀』与此同意。

⑧不敢以宴：赵注云：『不宴犹丧人也，不亦可吊乎？』

⑨耒耜：泛指耕地所用的农具。仕国：可出仕的国家。媒妁：妁与媒同义，均为古代的婚姻介绍人。

【译文】

周霄问道：『古代的君子出仕吗？』

孟子说：『出仕的。记载上说「孔子要是三个月没有侍奉的君主就会惶惶不安，所以每离开一处必定带着拜见君主的礼物」，公明仪说：「古代的人要是三个月没有侍奉的君主就会感到悲伤。」』

周霄说：『三个月没有侍奉的君主就感到悲伤，不是太性急了吗？』

孟子说：『士人失去了职位，犹如诸侯失去了国家。礼书上说：「诸侯亲自耕种农田以生产祭品，他们的夫人亲自养蚕以制作祭服。祭奠用的牲畜不肥壮，祭奠用的食品不洁净，祭奠用的礼服不完备，不敢用来祭祀。」士人如果没有了土地也不能祭祀，因为牲畜、器皿、礼服不完备，不敢用来祭祀，于是就不敢进行宴乐，难道不足以感到悲伤吗？』

周霄说：『每离开一处必定带着拜见君主的礼物是什么道理呢？』

孟子说：『士人去出仕好比农夫去耕地，农夫如果离开一个地方难道会丢下他的农具吗？』

周霄说：『魏国也是个能出仕的国家，但我从未听说过士人出仕有如此急迫的。既然士人出仕是如此的急迫，那么君子的出仕为什么那样艰难呢？』

孟子说：『男子生下来就希望为他找到妻室，女子生下来就希望为他找到夫家，父母的这种心情是人人都有的。但要是不得到父母亲的同意，没有媒人的介绍，就钻洞穴私下相见，翻墙头进行幽会，那么父母、国人都会看不起他们。古人不是不想出仕，但又嫌恶不通过正当途径的出仕。不通过正当途径去出仕的，就和钻洞翻墙差不多。』

第四章

【原文】

彭更问曰：『后车数十乘，从者数百人，以传食[1]于诸侯，不以泰[2]乎？』

孟子曰：『非其道，则一箪食不可受于人；如其道，则舜受尧之天下，不以为泰——子以为泰乎？』

曰：『否；士无事而食，不可也。』

曰：『子不通功易事，以羡补不足[3]，则农有余粟，女有余布；子如通之，则梓匠轮舆[4]皆得食于子。于此有人焉，入则孝，出则悌，守先王之道，以待[5]后之学者，而不得食于子；子何尊梓匠轮舆而轻为仁义者哉？』

曰：「梓匠轮舆，其志将以求食也；君子之为道也，其志亦将以求食与？」

曰：「子何以其志为哉？其有功于子，可食而食之矣。且子食志乎？食功乎？」

曰：「食志。」

曰：「有人于此，毁瓦画墁⑥，其志将以求食也，则子食之乎？」

曰：「否。」

曰：「然则子非食志也，食功也。」

【注释】

①传食：辗转找饭吃。

②泰：同「太」。这里有过分的意思。

③以羡补不足：羡，余、多余的。用多余的来补助不够的。

④梓匠轮舆：梓，梓人，细木工。匠，匠人，一般木工。轮，轮人，专做车轮的工人。舆，舆人，制造车厢、车体的工人。

⑤待：持，扶持、培养。

⑥毁瓦画墁（màn）：毁坏屋瓦，乱画粉刷的墙。墁，粉饰墙壁。

【译文】

彭更询问道：「跟随的车子几十辆，随行的人几十个，轮流吃遍诸侯国，这不是太过分了吗？」

孟子说：「如不合道理，就连一筐食物也不能接受别人的；如合道理，舜接受尧的天下，也不认为过分。

你认为过分了吗？』

彭更说：『不过分。然而士人不做事就白吃饭，是不可以的。』

孟子说：『你如果不交换成果互换产品，以多余的补充不足的，就会使农夫有多余的谷粟，妇女有多余的布匹；你如果互通有无，木工车工就都能够从你那里得到食物了。假定这里有个人，在家孝顺父母，出门尊敬长辈，严格遵守古代圣人学说，用来培养后代的学者，却不能从你那里得到食物。你为什么尊重木工车工，而轻视实行仁义的人呢？』

彭更说：『木工车工，他们的意图就是为谋食；君子研究圣王学说，他们的意图也是为谋食吗？』

孟子说：『你为什么要追究意图呢？他们对你有功绩，你能给食物就给食物。而且，你是按他们的意图给食物呢，还是按他们的功绩给食物呢？』

彭更说：『是按意图给食物。』

孟子说：『假定这里有个人，打碎瓦片，在新刷的墙上乱画，他的意图也是为了谋食，你会给他食物吗？』

彭更说：『不会。』

孟子说：『那么，你就不是按意图，而是按功绩给予食物了。』

第五章

【原文】

万章①问曰：『宋，小国也。今将行王政，齐、楚恶而伐之，则如之何？』

孟子曰：『汤居亳②，与葛为邻。葛伯放而不祀③，汤使人问之曰：「何为不祀？」曰：「无以供牺牲也。」汤使人遗④之牛羊，葛伯食之，又不以祀。汤又使人问之曰：「何为不祀？」曰：「无以供粢盛⑤也。」汤使亳众往为之耕，老弱馈食⑥。葛伯率其民，要⑦其有酒食黍稻者夺之，不授者⑧杀之。有童子以黍肉饷⑨，杀而夺之。《书》曰：「葛伯仇饷。」此之谓也。为其杀是童子而征之，四海之内皆曰：「非富天下也，为匹夫匹妇复仇也。」汤始征，自葛载。十一征而无敌于天下。东面而征，西夷怨。南面而征，北狄怨。曰：「奚为后我？」民之望之，若大旱之望雨也。归市者弗止，芸者不变，诛其君，吊其民，如时雨降，民大悦。《书》曰：「我后，后来其无罚。」「有攸不惟臣，东征，绥厥士女。匪厥玄黄，绍我周王见休，惟臣附于大邑周。」其君子实玄黄于匪，以迎其君子；其小人箪食壶浆，以迎其小人。救民于水火之中，取其残而已矣。《太誓》曰：「我武惟扬，侵于之疆，则取于残，杀伐用张，于汤有光。」不行王政云尔；苟行王政，四海之内皆举首而望之，欲以为君。齐、楚虽大，何畏焉？』

【注释】

①万章：孟子弟子。

②亳（bó）：地名，汤的都城。

③放而不祀：放纵无道，不祭祀祖先。

④遗（wèi）：赠送。

⑤粢盛（chéng）：指祭祀祖先用的供品。粢，指黍稷一类的粮食。盛，放在祭器中。

⑥老弱馈食：老幼前去送饭。

⑦要：约定。一说为拦截。

⑧不授者：不给的。

⑨黍肉饷：送有黍有肉的饭。葛伯仇饷：语出《尚书·仲虺之诰》，意为与送饭者为敌。我后，后来其无罚：等待我们的君王，他来了我们就不用受罪了。有攸不惟臣……惟臣附于大邑周：《尚书》逸篇之文。有攸，有所。绥，安定。匪，同『篚』，竹筐。残：残害百姓的人。我武惟扬……于汤有光：我们的武力要发扬，进入商的疆界，擒取那残害百姓之人。我们业绩辉煌，将超过商汤伐夏桀。

【译文】

万章问：『宋国是个小国。现在想推行王政，齐、楚等大国却讨厌它而讨伐它，那宋国该怎么办呢？』

孟子说：『商汤居住在亳，与葛国相邻。葛国国君放纵无道，不祭祀自己的祖先，汤派人询问他：「为什么不祭祀祖先呢？」葛国国君说：「没有可用作祭品的动物。」汤派人送来了牛羊，葛国国君把牛羊都吃了，又没有祭祀。汤又派人问他：「为什么不祭祀自己的祖先呢？」葛国国君说：「没有可做祭品的粮食。」汤派他的老百姓去葛耕种，让老年人和小孩子送饭。葛国国君带领他的百姓，约好如果他们送的饭中有酒和黍稻等好的食物就抢下来，如果不给就杀掉他们。有个小孩子送的饭中有黍有肉，葛国的人就把他杀掉并抢走他的饭。《尚书》上说：「葛君与送饭的人为敌。」说的就是这件事。因为葛国杀了这小孩子，商汤才去讨伐他，天下的老百姓都说商汤：「不是贪图天下的财物，是替普通老百姓报仇的。」汤最早征讨天下，是从葛国开始的。征讨了十一次天下就没有了敌手。向东方征讨时，西方的部族就埋怨；向南方征讨时，北方的部族就有怨言。说：「为什么把我们放在后面呢？」老百姓盼望他，就像大旱的时候盼望雨水一样。赶集的人照样赶集，耕田的人没有惊慌，商汤讨伐暴君，慰问他们的老百姓，像及时雨从天而降，民众非常喜欢。《尚书》上说：「我们在等待我们的君王，他来了我们就不受罪了。」「有的国家没臣服于周，周就东征，安定天下的男男女女。我们用筐子盛着黑色黄色的丝绸，侍奉我们周王，前途光明，我们愿意臣附于伟大的周国。」殷商的统治者带着丝绸来迎接周的统治者；殷商的老百姓带着食物和水，在路旁迎接周的战士。把老百姓从水深火热的状态中拯救出来，仅仅是杀了残害人民的人。《太誓》中说：「我们的武力要发扬，进入了商的边疆，捉住那残害百姓的人，我们业绩辉煌，比商汤伐夏桀还要伟大。」不想推行王政的人才这样说；如果推行王政，天下老百姓都会抬头盼望，想让他做自己的君王。齐国楚国虽然大，又有什么可怕呢？』

第六章

【原文】

孟子谓戴不胜①曰：『子欲子之王之善与？我明告子。有楚大夫于此，欲其子之齐语也，则使齐人傅诸？使楚人傅诸？』

曰：『使齐人傅之。』

曰：『一齐人傅之，众楚人咻②之，虽日挞而求其齐也不可得矣；引而置之庄、岳③之间数年，虽日挞而求其楚亦不可得矣。子谓薛居州善士也，使之居于王所。在于王所者，长、幼、卑、尊皆薛居州也，王谁与为不善？在王所者，长、幼、卑、尊皆非薛居州也，王谁与为善？一薛居州，独④如宋王何？』

【注释】

①戴不胜：宋国的臣子。

②咻：喧哗干扰。

③庄、岳：齐国的街里名。

④独：将。

【译文】

孟子对戴不胜说：『你想要你的国君向善吗？我坦率地告诉你。（比方）有位楚国的大夫，希望他的儿子能说齐国话，那么是让齐国人教他呢，还是让楚国人教他？』

戴不胜说：『让齐国人教他。』

孟子说：『一个齐国人教他，许多楚国人吵扰他，即使每天责打要他说齐语也做不到；带他住到临淄的闹市里，过上几年，即使每天责打要他说楚语也做不到。你说薛居州是个好人，让他住进王宫。如果王宫中住的人，无论长幼尊卑都是像薛居州这样的，国君和谁去做不善的事呢？如果王宫中的人，无论长幼卑尊都不是像薛居州这样的，国君和谁去做善事呢？一个薛居州，又能把宋王怎么样呢？』

第七章

【原文】

公孙丑问曰：『不见诸侯何义？』

孟子曰：『古者不为臣不见，段干木①逾垣而辟之，泄柳闭门而不内，是皆已甚；迫，斯可以见矣。阳货欲见孔子而恶无礼，大夫有赐于士，不得受于其家，则往拜其门。阳货瞰②孔子之亡也，而馈孔子蒸豚；孔子亦瞰其亡也，而往拜之。当是时，阳货先，岂得不见？曾子曰：「胁肩谄笑，病于夏畦③」。子路曰：「未同而言，观其色赧赧然④，非由之所知也。」由是观之，则君子之所养，可知已矣。』

【注释】

①段干木：战国初年魏文侯时贤者。

②瞰：窥伺，探听。

③胁肩谄笑，病于夏畦：耸起肩膀假装恭敬，脸上呈现谄媚的笑容，比夏天在菜地劳动还累人。

④赧赧：羞惭而脸红的样子。

【译文】

公孙丑问：『不拜见诸侯是什么道理呢？』

孟子说：『古时候不是臣属就不拜见。段干木翻墙躲避（魏文侯），泄柳关门不接待（鲁穆公），这些都太过分；（求见）很迫切，那就可以相见了。阳货想让孔子见他但怕人说他失礼，古时大夫对士人有所赏赐，士人当时没有在家亲自接受，就应到大夫家去拜谢。阳货探知孔子不在家，就给他送去蒸乳猪；孔子也探知阳货不在家时前往拜谢。在那时，如果阳货先去拜访，孔子怎会不见呢？曾子说：「耸肩假装恭敬，讨好地谄笑，比夏天浇菜地还累。」子路说：「志趣并不相投却要勉强攀谈，看他那面红耳赤的样子，我真不明白是为什么。」由这些事看来，就知道君子该保守怎样的道德操行了。』

第八章

【原文】

戴盈之①曰：『什一，去关市之征，今兹未能，请轻之，以待来年，然后已，何如？』孟子曰：『今有人日攘其邻之鸡者，或告之曰：「是非君子之道。」曰：「请损之，月攘②一鸡，以待来年，然后已。」——如知其非义，斯速已矣，何待来年？』

【注释】

①戴盈之：宋大夫。

②攘：音ráng，盗窃。

【译文】

戴盈之说：『税率定为十分之一，不准乱设卡乱收费，今年还不能完全做到，想先减轻一些，等到明年，再完全实行，怎么样？』孟子说：『现在有个人每天偷邻居一只鸡，有人告诉他：「这不是正派人的行为。」他便说：『想先减少一些，先每个月偷一只，等到明年，再洗手不干」——如果晓得这种行为不合道义，就赶快住手得了，为什么要等到明年呢？』

第九章

【原文】

公都子曰①：『外人皆称夫子好辩，敢问何也？』

孟子曰：『予岂好辩哉？予不得已也。天下之生久矣，一治一乱。』

『当尧之时，水逆行，泛滥于中国，蛇龙居之，民无所定，下者为巢，上者为营窟[2]。《书》曰：「洚水警余[3]。」——洚水者，洪水也。使禹治之。禹掘地而注之海，驱龙蛇而放之菹[4]；水由地中行，江、淮、河、汉是也。险阻既远，鸟兽之害人者消，然后人得平土而居之。

『尧舜既没，圣人之道衰，暴君代作[5]，坏宫室以为池，民无所安息；弃田以为园囿，使民不得衣食。邪说暴行又作，园囿、池、沛泽多而禽兽至。及纣之身，天下又大乱。周公相武王，诛纣伐奄，三年讨其君，驱飞廉于海隅而戮之[6]，灭国者五十，驱虎、豹、犀、象而远之，天下大悦。《书》曰：「丕显哉，文王谟！丕承哉，武王烈！佑启我后人，咸以正无缺[7]」。

『世衰道微，邪说暴行有作，臣弑其君者有之，子弑其父者有之。孔子惧，作《春秋》。《春秋》，天子之事也[8]；是故孔子曰：「知我者，其惟《春秋》乎！罪我者，其惟《春秋》乎！」

『圣王不作，诸侯放恣，处士横议[9]，杨朱、墨翟之言盈天下，天下之言不归杨，则归墨。杨氏为我，是无君也；墨氏兼爱，是无父也。无父无君，是禽兽也。公明仪曰：「庖有肥肉，厩有肥马；民有饥色，野有饿莩，此率兽而食人也。」杨、墨之道不息，孔子之道不著，是邪说诬民，充塞仁义也。仁义充塞，则率兽食人，人将相食。吾为此惧，闲先圣之道，距杨、墨，放淫辞，邪说者不得作。作于其心，害于其事；作于其事，害于其政。圣人复起，不易吾言矣。

『昔者，禹抑洪水而天下平，周公兼夷狄，驱猛兽而百姓宁，孔子成《春秋》而乱臣贼子惧。《诗》云：「戎狄是膺，荆舒是惩，则莫我敢承。」无父无君，是周公所膺也。我亦欲正人心，息邪说，距行，放淫辞，以承三圣者；岂好辩哉？予不得已也。能言距杨、墨者，圣人之徒也。』

【注释】

①公都子：孟子弟子，公都是复姓。

②营窟：相连的窟穴。

③《书》曰，洚水警余：《书》指《尚书》逸篇。洚水，指不遵河道、四处泛滥的大水。

④菹（jū居）：长了草的沼泽。

⑤代作：一代一代更替地产生。

⑥飞廉：是商纣王手下一个好逢迎上司的臣子。

⑦《书》曰以下各句：出自《尚书》逸篇。

⑧《春秋》，天子之事也：春秋末期，孔子目睹礼崩乐坏，『世衰道微』，因鲁史而作《春秋》，通过记事褒贬天子、诸侯、大夫，想挽狂澜于既倒。所以说：『《春秋》，天子之事也。』

⑨处士：不在朝廷做官闲居家中的士人。杨朱、墨翟：二人都生在孟子前，具体年代已无法核实。闲：兼有『习』与『防』二重意义。距：同『拒』，抵御，反对。

【译文】

公都子说：『外面的人都说老师您喜欢辩论，请问这是为什么呢？』

孟子说：『我难道是喜欢辩论么？我（实在是）不得已呢。人类社会产生已经很久了，治世和乱世总是轮换着出现。

『当尧的时候，洪水横流，在全国泛滥，到处被龙蛇盘踞，老百姓没有地方定居，低洼地方的人只好在树上搭窝，高地的人便凿成一个连一个的窑洞。《尚书》中说：「洚水警诫了我们。」——洚水就是洪水。（当时尧）派禹治水。禹挖通河道把洪水导入海中，又把（那些为害人们的）龙蛇驱逐到草泽中去；（于是）水便被纳入河道中流，这便是长江、淮水、黄河和汉水。洪水给人们带来的危险和不方便已经没有了，为害人们的鸟兽之灾也消除了，然后人们才得以回到平地上来安居。

『尧舜去世后，圣人（治国爱民）之道就逐渐衰微了，暴虐的君主代代都产生过，（他们）拆毁民房来挖成深池，弄得老百姓无处安居；破坏农田来做园林，坏了老百姓的衣食。（于是）荒谬的学说和残暴的行为又出现了，园林、池沼、草泽一多，禽兽也就随之而来了。到了商纣的时候，天下又发生了大乱。（于是）周公辅佐武王，出兵攻打纣王，并讨伐（助纣为虐的）奄国，三年之内，诛杀了纣王，把纣王手下的坏臣子飞廉赶到海边上杀死了。被消灭的国家多达五十个，赶着老虎、豹子、犀牛、大象远逃别处，天下的老百姓（对此）十分高兴。《尚书》里说：「多高明啊，文王的谋略！多无愧于先人啊，武王的功绩！帮助启发了我们后一辈，都能够因此正确地遵行王道，没有亏损的地方。」

『（不久，）世风日下，王道衰微，荒谬的学说和残暴的行为又出现了，臣子杀害君主的事有，儿子杀害父亲的事也有。孔子（对此）深感忧惧，便著述了《春秋》这部书。《春秋》（对天子、诸侯、大夫「褒善贬恶」）是天子权限内的事；所以孔子说：「了解我的，恐怕只在《春秋》这部书吧！责怪我的，恐怕也还在《春秋》这部书吧！」

『圣明的帝王没有产生，诸侯们横行无忌，为所欲为，一些在下面的学者乱发议论，不顾影响，杨朱、墨翟的学说盛极一时，几乎到了满天飞的地步，一般人的论调不属杨派，就属墨派。杨派一切为了自己，这是目无君主；墨派主张不分亲疏，一视同仁，这是目无父母。目无君主和父母，这是禽兽的行为。公明仪说：「厨房里摆着肥肉，马栏里喂着肥马；（可是）老百姓却饿得面黄肌瘦，野外到处摆着饿死者的尸体，这无异于带领野兽去吃人。」杨派、墨派的学说不停止流行，孔子的学说便得不到发扬光大，这简直是任从邪说坑害老百姓，阻塞仁义的道路。仁义的道路一被阻塞，这就等于是带领野兽去吃人，必将出现人吃人的惨象。我为这个深感忧惧，（所以，挺身而出，）学习和捍卫先代圣人的学说抨击杨派和墨派，驳斥那些乌七八糟的言论，使荒谬学说的制造者再找不到市场。（这种荒谬的学说）从心里产生出来，便要给工作带来危害，工作受了危害，也就危害了整个政治。（我想）后世再有圣人出现，也不会改变我这些话的。

『从前，大禹治好了洪水，天下就太平了，周公征服了夷狄，赶走了猛兽，老百姓便安宁了，孔子著成了《春秋》（褒善贬恶），那些胡作非为的乱臣贼子便感到十分害怕。《诗》里说：「（我）一攻打戎狄，惩罚荆舒，就没有谁敢抵挡我了。」那些目无君主父母的人，便正是周公所要惩罚的对象。我也要端正人心，根绝谬论，反对阴险的行径，驳斥无耻的谎言，来继承大禹、周公、孔子三位大圣人的业绩；我难道是喜欢辩论吗？实在是不得已啊。凡是能够著书立言以反对杨、墨学派的人，便不愧是圣人的门徒了。』

第十章

【原文】

匡章曰：『陈仲子岂不诚廉士哉？居於陵①，三日不食，耳无闻，目无见也。井上有李、螬②食实者过半矣，匍匐往，将食之③，三咽，然后耳有闻，目有见。』

孟子曰：『于齐国之士，吾必以仲子为巨擘④焉。虽然，仲子恶能廉？充仲子之操，则蚓而后可者也。夫蚓，上食槁壤，下饮黄泉。仲子所居之室，伯夷之所筑与？抑亦盗跖⑤之所筑与？所食之粟，伯夷之所树与？抑亦盗跖之所树与？是未可知也。』

曰：『是何伤哉？彼身织屦，妻辟，以易之也。』

曰：『仲子，齐之世家也；兄戴，盖⑥禄万钟，以兄之禄为不义之禄而不食也，以兄之室为不义之室而不居也，辟兄离母，处于於陵。他日归，则有馈其兄生鹅者，己频顣⑦曰：「恶用是鶂鶂⑧者为哉？」他日，其母杀是鹅也，与之食之。其兄自外至，曰：「是鶂鶂之肉也。」出而哇之。以母则不食，以妻则食之；以兄之室则弗居，以於陵则居之，是尚为能充其类也乎？若仲子者，蚓而后充其操者也。』

【注释】

①居於（wū）陵：住在於陵。於陵，地名。

②螬（cáo）：蛴螬，金龟子的幼虫。

③将食之：将，拿、取。食之，吃了它（李子）。

④巨擘（bò）：擘，大拇指，比喻杰出的人物。

⑤盗跖（zhí）：春秋时期有名的大盗，柳下惠的弟弟。

⑥盖（gě）：地名，陈仲子的哥哥陈戴的封邑。

⑦频顣（cù）：同『颦蹙』。意思是皱眉蹙额，不愉快的样子。

⑧鶂鶂（yì）：鹅叫声。

【译文】

匡章说：『陈仲子难道不是一个真正廉洁的人吗？他住在於陵，三天没有吃东西，耳朵听不见，眼睛看不见。井上有李子，螬已经蛀食了一大半，他爬行过去，取来吃了。吃了三口，然后耳朵才有听觉，眼睛才有视觉。』

孟子说：『在齐国人士中，我一定把陈仲子视为首要人物。即便如此，仲子怎能算廉洁的人呢？推广仲子的节操，人只有变成蚯蚓后才能办到。蚯蚓，在地面上吃干枯的泥土，在地下喝泉水。仲子所住的房子，是伯夷那样的人所建造的，还是盗跖那样的人所建造的呢？他所吃的谷粟，是伯夷那样的人所耕种的，还是盗跖那样的人所耕种的呢？这是还不知道的。』

匡章说：『这有什么妨碍呢？他亲自编织草鞋，妻子绩麻练麻，拿去交换谷粟。』

孟子说：『陈仲子是齐国的世家大族。哥哥陈戴，从盖邑收入的俸禄有一万钟。他认为哥哥的俸禄是不义之禄而不吃，认为哥哥的房子是不义之室而不住，避开哥哥，离开母亲，住在於陵。有一天他回家，恰恰有人赠送一只活鹅给他哥哥，他皱着眉头说：「要这种嘎嘎叫的东西有什么用？」过了些时候，他的母亲杀了这只鹅，把鹅肉给他吃。他的哥哥从外面回来，说：「这就是那嘎嘎叫的东西的肉。」他跑出去呕吐起来。母亲做的食物不吃，妻子做的却吃；哥哥的房子不住，於陵的房子却住。这还称得上是推广廉洁操守的典型吗？像仲子这样的人，只有把人变成蚯蚓后才能推广他的节操。』

离娄上

第一章

【原文】

孟子曰：『离娄[1]之明、公输子[2]之巧，不以规矩，不能成方员；师旷[3]之聪，不以六律[4]，不能正五音[5]；尧、舜之道，不以仁政，不能平治天下。今有仁心仁闻而民不被其泽，不可法于后世者，不行先王之道也。故曰，徒善不足以为政，徒法不能以自行。《诗》云：「不愆不忘，率由旧章。」遵先王之法而过者，未之有也。圣人既竭目力焉，继之以规矩准绳，以为方员平直，不可胜用也；既竭耳力焉，继之以六律正五音，不可胜用也；既竭心思焉，继之以不忍人之政，而仁覆天下矣。故曰，为高必因丘陵，为下必因川泽。为政不因先王之道，可谓智乎？是以惟仁者宜在高位。不仁而在高位，是播其恶于众也。上无道揆[6]也，下无法守也，朝不信道，工不信度，君子犯义，小人犯刑，国之所存者幸也。故曰，城郭不完，兵甲不多，非国之灾也；田野不辟，货财不聚，非国之害也。上无礼，下无学，贼民兴，丧无日矣。《诗》曰：「天之方蹶，无然泄泄。」泄泄犹沓沓也。事君无义，进退无礼，言则非先王之道者，犹沓沓也。故曰，责难于君谓之恭，陈善闭邪[7]谓之敬，吾君不能谓之贼。』

【注释】

①离娄：人名，相传为黄帝时人，目力极强，能看到百步以外秋毫般细微的东西。

②公输子：人名，即公输班，鲁国人，所以又称鲁班，古代著名的建筑工匠。

③师旷：人名，春秋时晋国的乐师，古代有名的音乐家。

④六律：指十二律中的六个阳律。

⑤五音：中国音阶名，即宫、商、角、徵、羽。这五个音阶相当于简谱中的1、2、3、5、6。

⑥揆：度量。

⑦闭邪：赵岐，朱熹都解释为闭君主之邪心，杨伯峻先生释为『堵塞异端』。译文从前。

【译文】

孟子说：『即使有离娄那样的眼力、公输班那样的技巧，如果不使用圆规曲尺，也不能准确地画出方形和圆形；即使有师旷那样的耳力，如果不使用六律，也不能校正五音；即使有尧、舜那样的治理之道，如果不施行仁政，也不能把天下治理好。现在的诸侯虽然有仁爱的心愿和仁爱的声望，但百姓却受不到他的恩泽，他们的政治也不值得后代效法，是因为他们没有实行先王之道。因此说，只有好的愿望还不足以为政，只有好的办法，但它不能自己实行。《诗经》上说：「不可偏离，不可遗忘，一切遵从传统的规章。」遵从先王的法度而犯了错误，这是从来没有过的事。圣人既竭尽眼力，又用圆规、曲尺、水准、绳墨制造出方圆平直各种形状的东西，这些东西便会多得使用不尽；圣人既已竭尽耳力，又用六律校正五音，这样各种音调也就运用无穷；圣人既已竭尽心力，又实行仁政，这样仁爱便会充满天下。因此说，筑高台一定要倚靠丘陵，挖深池一定要凭借水泽。治理天下不依据先王之道，能说是明智吗？因此，只有仁者才应该居于统治地位。如果不仁者占据统治地位，就会把他的罪恶传播给民众。要是在上的缺乏道德准则，在下的缺乏法律规范，朝廷不守道义，工匠不守法度，君子违犯义理，小人触犯刑法，国家还能存在，那真是太侥幸了。所以说，城墙不坚固，军备不充足，并不是国家的灾祸；田野不开垦，物资不充裕，并不是国家的祸害。在上者缺乏礼义，在下者缺乏教育，作乱的人都起来了，国家的灭亡也就快了。《诗经》上说：「上天正在动，不要这样多言。」多言即啰嗦。事君没有义，进退没有礼，说话便诋毁先王之道，这样就叫作『劳劳叨叨』。所以说，用仁政来要求君王叫作「恭」，向君王陈述善事而抑制其邪念叫作「敬」；如果认为君王不能行仁政、为善事就不去劝告，便叫作「贼」。

第二章

【原文】

孟子曰：『规矩，方员之至①也；圣人，人伦之至也。欲为君，尽君道；欲为臣，尽臣道。二者皆法尧舜而已矣。不以舜之所以事尧事君，不敬其君者也；不以尧之所以治民治民，贼其民者也。孔子曰：「其二，仁与不仁而已矣。」暴其民甚则身杀国亡；不甚，则身危国削，名之曰「幽」「厉」②，虽孝子慈孙，百世不能改也。诗云：「殷鉴不远，在夏后之世③。」此之谓也。』

【注释】

①至：极。

②幽、厉：幽，昏暗乱常；厉，暴虐嗜杀，都是很坏的称号。

③『殷鉴不远……』：这是《诗经·大雅·荡篇》第八章（全篇共八章）中的最后两句。

【译文】

孟子说：『圆规和曲尺，是方圆的标准，圣人是为人的标准。要当君主，须尽君主之道；要做臣子，须尽臣子之道，两者都仿效尧舜就成了。不用舜侍奉尧的态度去侍奉君主，就是对他的君主不恭敬；不用尧管理百姓的态度去治理百姓，便是坑害了他的百姓。孔子说：「治国之道有两种，仁和不仁罢了。」对百姓残暴苛刻太厉害，就会身死国亡；不厉害，也会自身难保国力减弱，死后的谥号也只能恶名叫作「幽」「厉」之类，即便有孝子慈孙，历百代也不能更改。《诗经》中说：「殷商可以借鉴的教训并不远，就是前一代的夏朝。」说的正是这个意思。』

第三章

【原文】

孟子曰：『三代之得天下也以仁，其失天下也以不仁。国之所以废兴存亡者亦然。天子不仁，不保四海；诸侯不仁，不保社稷；卿大夫不仁，不保宗庙①；士庶人不仁，不保四体。今恶死亡而乐不仁，是犹恶醉而强②酒。』

【注释】

①宗庙：这里指采邑（卿大夫先有采邑然后有宗庙）。

②恶醉而强酒：恶（wù），怕，厌。强（qiǎng），勉强。

【译文】

孟子说：『夏、商、周三代能够得到天下是因为行仁政，它们丧失天下是因为不行仁政。诸侯国家的衰落与兴盛、生存和覆灭也是同样的道理。天子不仁，就保不住天下；诸侯不仁，就保不住国家；卿大夫不仁，就保不住宗庙；士和百姓不仁，就保不全生命。现在有人害怕死亡而喜欢不仁，这就好像害怕醉倒却偏要勉强喝酒一样。』

第四章

【原文】

孟子曰：『爱人不亲，反其仁①；治人不治，反其智；礼人不答，反其敬。行有不得者皆反求诸己，其身正而天下归之。《诗》云：「永言配命，自求多福。」』

【注释】

①反其仁：反问自己仁爱是否做得够。以下『反其智』『反其敬』与此类似。

【译文】

孟子说：『仁爱别人却得不到亲近，应反问自己仁爱是否做得够；治理民众却得不到业绩，应反问自己智商是否展现高；礼待别人却得不到回报，应反问自己恭敬是否表现诚。凡是自己所做的得不到应有的效果，都要返回来从自身寻求原因，自身端正做对了，天下的人自然会归向自己。《诗经》里说：「永远修德遵天命，多福还靠自身求。」』

第五章

【原文】

孟子曰：『人有恒①言，皆曰「天下国家」。天下之本在国，国之本在家，家之本在身②。』

【注释】

①恒：常。

②家：泛指家族。

【译文】

孟子说：『人们有句常说的话，都说「天下国家」。可见天下的根本在于国，国的根本在于家，家的根本则在于个人。』

第六章

【原文】

孟子曰：『为政不难，不得罪于巨室。巨室之所慕，①一国慕之；一国之所慕，天下慕之；故沛然德教溢乎四海。』

【注释】

①巨室：指为国人所钦敬、仿效的贤卿大夫的家族，如春秋时晋国的六卿、鲁国的三桓等。

【译文】

孟子说："治理国政并不难，不要得罪世家大族。世家大族所仰慕的，整个国家就会仰慕；整个国家所仰慕的，普天之下就会仰慕，因此德教仁政就会声势浩大、不可阻挡地充满天下各个地方。"

第七章

【原文】

孟子曰："天下有道，小德役大德①，小贤役大贤；天下无道，小役②大，弱役强。斯二者，天也。顺天者存，逆天者亡。齐景公曰：'既不能令，又不受命，是绝物也。'涕③出而女于吴。今也小国师大国而耻受命焉，是犹弟子而耻受命于先师也。如耻之，莫若师④文王。师文王，大国五年，小国七年，必为政于天下矣。《诗》云⑤：'商之孙子，其丽不亿⑥。上帝既命，侯⑦于周服。侯服于周，天命靡常⑧。殷士肤⑨敏，裸将于京。'孔子曰：'仁不可为众也。夫国君好仁，天下无敌。'今也欲无敌于天下而不以仁，是犹执热而不以濯也。《诗》云：'谁能执热，逝不以濯？'"

【注释】

①此句"役"字后面省略了"于"字。

②役：役使、指挥。

③涕：眼泪。

④师：以……为师。

⑤此句引自《诗经·大雅·文王》。
⑥其丽不亿：丽，数目；亿，古代以十万为一亿。
⑦侯：侯，语词，无实在意义。
⑧靡常：不是恒定的。
⑨肤：美。

【译文】

孟子说：『天下政治清明之时，道德不很高尚的人就会受德高望重的人影响，大不贤明的人就会追随贤明能干的人；而政治混乱之时，力量小的就被力量强大的支配，弱小的就受命于强盛的。这两种情况都是天意。顺从天意就可以生存下去；反之，就会灭亡。齐景公曾说过：「既然无法命令别人，又不愿受别人支配，这是绝路一条啊！」因此只好流着泪把自己的女儿嫁到吴国去。现在弱小的国家向强大的国家学习，却认为听命于大国是耻辱的事，这就好比学生以听从老师的命令为耻一样。如果认为这是耻辱的事，不如向文王学习。以周文王为师（施行仁政），大国只需五年时间，小国只需要七年时间，就一定可以获得治理天下的政治力量。《诗经·大雅·文王》篇里说：「商代的子孙，数目哪里只有十万。上帝已经授命文王一统天下，他们就都成为周朝的臣下。商代子孙却都成为周朝的臣民，可见天意也不是（在外在形式上）固定不变的。殷代的臣子都美丽睿智，却执行灌酒求神的礼仪助祭于周都镐京。」孔子也说过：「仁的力量，是不能凭人多来计算的。君主如果尊崇仁义，普天下就没有谁是他的对手。」现在许多诸侯想无敌于天下，却不遵循仁义之道，这就好比热得厉害却又不去洗澡一样。《诗经·大雅·桑柔》篇里说过：「谁能够热得厉害，却不去洗澡呢？」』

第八章

【原文】

孟子曰：『不仁者可与言哉？安其危而利其灾，乐其所以亡者①。不仁而可与言，则何亡国败家之有？有孺子歌曰：「沧浪之水清兮②，可以濯我缨③；沧浪之水浊兮，可以濯我足。」孔子曰：「小子听之！清斯濯缨，浊斯濯足矣，自取之也。」夫人必自侮然后人侮之，家必自毁而后人毁之，国必自伐而后人伐之。《太甲》曰「天作孽犹可违，自作孽不可活」，此之谓也。』

【注释】

①乐：耽乐、沉湎。

②沧浪：这四句歌辞是楚歌，沧浪指汉水上游。

③缨：帽子左右的丝带，用于系结颚下以防脱落。

【译文】

孟子说：『不仁的人可以与他交谈吗？他们苟安于自身的危险，贪利于自身的灾祸，耽乐于导致自身灭亡的事。不仁的人可以与之交谈，那怎么会有亡国败家的事呢？有个孩子唱道：「清澈的沧浪水啊，能用来洗我的冠缨；浑浊的沧浪水啊，能用来洗我的双脚。」孔子说：「后生们听着！清的水洗冠缨，浊的水洗双脚，都是水自身招致的。」人必定自辱了才有他人来侮辱，家必定自毁了才有他人来毁灭，国必定自伐了才有他人来讨伐。《太甲》说「上天降灾还可躲开，自己作孽无法逃避」，就是这个意思。』

第九章

【原文】

孟子曰：『桀、纣之失天下也，失其民也；失其民者，失其心也。得天下有道，得其民斯得天下矣；得其民有道，得其心斯得民矣；得其心有道，所欲与之聚之①，所恶勿施，尔也②。民之归仁也，犹水之就下、兽之走圹也③。故为渊殴鱼者獭也④，为丛殴爵者鹯也⑤，为汤、武殴民者桀、纣也。今天下之君有好仁者，则诸侯皆为之殴矣，虽欲无王不可得已。今之欲王者，犹七年之病求三年之艾也⑥，苟为不畜⑦，终身不得。苟不志于仁，终身忧辱，以陷于死亡。《诗》云「其何能淑⑧，载胥及溺」⑨，此之谓也。』

【注释】

①与之聚之：即让民众积聚起来，亦通。

②尔也：如此而已。

③圹：旷野。

④为渊殴鱼者獭也：渊指深水，獭指水獭，殴同『驱』。水獭善捕鱼，致使鱼儿都逃到深水去躲避。

⑤爵：同『雀』。鹯（zhān）：亦称『晨风』，一种似鹞的猛禽。

⑥三年之艾：赵注云：『艾可以为灸人病，干久益善，故以为喻。』

⑦畜：同『蓄』，储备。或训为畜养、栽培，亦通。

⑧《诗》云：此处诗句引自《诗·大雅·桑柔》。

⑨载胥及溺：言今之所为其何能善，则相引以陷于乱亡而已。

【译文】

孟子说：『夏桀、殷纣的丧失天下，由于失去了天下的民众；之所以失去了天下的民众，是因为失去了他们的心。取得天下是有途径的，得到了天下的民众就取得了天下；得到天下的民众是有途径的，获得了他们的心就得到了天下的民众；获得民众的心是有途径的，他们想要的让他们积蓄起来，他们憎恶的不强加给他们，如此而已。民众归附仁政，犹如水往低处流、兽往旷野跑一样。所以，为渊水把鱼儿驱赶来的是水獭，为丛林把鸟雀驱赶来的是鹞鹰，为成汤、武王把民众驱赶来的是夏桀和殷纣。现今天下若有喜好仁的国君，诸侯们都会为他驱赶民众，即使不想称王天下也是做不到的。现今那些要称王天下的人，好比患了七年的病要寻求三年的艾草来医治，假如不去栽培，是一辈子也找不到的。如果无意于仁政，就会一辈子忧患受辱，以致陷入死亡的境地。《诗》说「他们怎么能善处，牵扯着溺入水中」，就是这个意思。』

第十章

【原文】

孟子曰：『自暴①者，不可与有言也；自弃者，不可与有为也。言非②礼义，谓之自暴也；吾身不能居仁由义，谓之自弃也。仁，人之安宅也；义，人之正路也。旷安宅而弗居，舍正路而不由，哀哉！』

【注释】

①自暴：暴，害、损害。自暴，自己害自己。

②非：毁。

【译文】

孟子说：『自己残害自己的人，不能和他一起交谈；自己抛弃自己的人，不能和他共同做事。一开口讲话就破坏礼义，这就叫作自己残害自己；自己认为不能以仁居心，不能以义行动，这就叫作自己抛弃自己。仁是人类最安心的归宿，义是人类最正确的道路。让最安心的归宿处空着而不去居住，把最正确的道路舍弃而不去行走，不是很可悲的吗！』

第十一章

【原文】

孟子曰：『道在迩①而求诸远，事在易而求诸难；人人亲其亲，长其长②，而天下平。』

【注释】

①迩：近。

②长其长：第一个『长』字，引申为尊敬。第二个『长』字，意思是长辈。

【译文】

孟子说：『道理在近处却往远处寻求，事情本来很容易却往难处去做。每个人只要亲近自己的父母，尊敬自己的长辈，天下就能够太平了。』

第十二章

【原文】

孟子曰：『居下位而不获于上①，民不可得而治也。获于上有道，不信于友，弗获于上矣。信于友有道，事亲弗悦，弗信于友矣。悦亲有道，反身不诚，不悦于亲矣。诚身有道，不明乎善，不诚其身矣。是故诚者，天之道也；思诚者，人之道也。至诚而不动者，未之有也；不诚，未有能动者也。』

【注释】

①不获于上：上，上级、上司、国君。不获于上，意思是得不到上司的信任。

【译文】

孟子说：『职位低下又得不到上级的信任，就不能把老百姓治理好。要得到上级的信任有办法，如果不能得到朋友的信任，也就不能得到上级的信任了。要得到朋友的信任也有办法，如果侍奉父母而不能得到父母的欢心，也就不能得到朋友的信任了。要得到父母的欢心也有办法，如果反躬自问而心意不诚，也就不能得到父母的欢心了。要使自己诚心诚意也有办法，如果不明白什么是善，也就不能使自己诚心诚意了。所以诚是自然的规律；追求诚是做人的道理。如果心诚到了极点而不能使别人感动，是从来没有过的；如果心不诚是不可能使别人感动的。』

第十三章

【原文】

孟子曰：『伯夷辟纣，居北海之滨，闻文王作，兴曰：「盍归乎来！吾闻西伯善养老者。」太公辟纣，居东海之滨，闻文王作，兴曰：「盍归乎来！吾闻西伯善养老者。」二老者，天下之大老也，而归之，是天下之父归之也。天下之父归之，其子焉往？诸侯有行文王之政者，七年之内，必为政于天下矣。』

【译文】

孟子说：『伯夷为躲避商纣的暴政，住在渤海边上，听说周文王西伯兴起，站起来说：「为什么不去呢！我听说西伯善于供养老人。」姜太公为躲避商纣暴政，隐居在东海边上，听说周文王西伯兴起了，站起来说：「为什么不去呢！我听说西伯善于供养老人。」这两位老人，是天下受人尊敬的老人，他们归顺周文王，就等于天下人的老父亲归顺周文王。天下人的老父亲能归顺，他们的儿子还能到哪里去呢？现在的国君要是能学习周文王的执政方法，七年之内，一定能统一天下。』

第十四章

【原文】

孟子曰：『求也为季氏宰①，无能改于其德，而赋粟倍他日。孔子曰：「求非我徒也，小子鸣鼓而攻之可也。」由此观之，君不行仁政而富之，皆弃于孔子者也。况于为之强战？争地以战，杀人盈野；争城以战，杀人盈城：此所谓率土地而食人肉，罪不容于死。故善战者服上刑，连诸侯者次之，辟草莱、任土地者次之。』

【注释】

①求也为季氏宰：求，孔子弟子冉求。季氏是鲁国权臣季孙氏，属三桓之一，实际掌握鲁国政权。宰，家臣，即管家。

【译文】

孟子说：『冉求做季氏的家臣，不仅不能改变季氏的德行，向老百姓征收的粮食还超过过去的一倍。孔子就说：「冉求已不算是我的学生，你们大张其鼓地批判他吧。」从这话看，统治者不行仁政，但有人还要帮统治者聚敛财富，这样的人都会被孔子抛弃，更何况替君主出力去打仗的人呢？为争夺土地发动的战争，往往杀得尸横遍野；为争夺城市发动的战争，往往城中堆满了死尸：这就是人们所说的带领土地去吃人肉，这些人死有余辜。所以会打仗的应该受最严厉的刑罚，让诸侯联合起来进行战争的应该受略为轻一些的刑罚，帮助国君开辟荒地，提高生产而聚敛财富的应该受再略轻的刑罚。』

第十五章

【原文】

孟子曰：『存乎人者，莫良于眸子。眸子不能掩其恶。胸中正，则眸子了[①]焉；胸中不正，则眸子眊[②]焉。听其言也，观其眸子，人焉廋[③]哉？』

【注释】

①了：明亮。

②眊：不明亮。
③廋：隐藏。

【译文】

孟子说：『人的身上，没有比眼睛能更好地反映一个人。一个人的眼睛掩盖不了他实际上的缺点。心中正派，眼睛就明亮；心中不正派，眼睛就含混不清。听一个人说话，又观察他的眼睛，人们怎么样能隐藏住自己呢？』

第十六章

【原文】

孟子曰：『恭者不侮人，俭者不夺人。侮夺人之君，惟恐不顺焉，恶得①为恭俭？恭俭岂可以声音笑貌为哉？』

【注释】

①恶：怎么；得：可以。

【译文】

孟子说：『谦恭者不欺侮他人，俭朴者不掠夺他人。欺侮、掠夺他人的国君，唯恐别人不顺从他，怎么做得到谦恭和节俭呢？谦恭和节俭难道可以只用言辞和笑脸表现吗？』

第十七章

【原文】

淳于髡①曰："男女授受不亲，礼与？"

孟子曰："礼也。"

曰："嫂溺，则援之以手乎？"

曰："嫂溺不援，是豺狼也。男女授受不亲，礼也；嫂溺，援之以手者，权也。"②

曰："今天下溺矣，夫子之不援，何也？"

曰："天下溺，援之以道；嫂溺，援之以手——子欲手援天下乎？"

【注释】

①淳于髡：战国时齐人，为人滑稽善辩。

②权：变通。

【译文】

淳于髡说："男女间不亲手递接东西，是礼吗？"

孟子说："是礼。"

淳于髡说："如果嫂子落水，要伸手救她吗？"

孟子说："见嫂嫂落水而不拉起她，简直是豺狼。男女间不亲手递接东西，是礼的规定；嫂子落水而伸手拉她起来，是变通的办法。"

淳于髡说：『如今天下人都落水了，夫子却不施以援手，这是为什么呢？』

孟子说：『天下人落水，应当以道来拯救；嫂子落水，用手去搭救——难道您能用手来拯救天下吗？』

第十八章

【原文】

公孙丑曰：『君子之不教子，何也？』

孟子曰：『势不行也。教者必以正；以正不行，继之以怒。继之以怒，则反夷矣①。「夫子教我以正，夫子未出于正也。」则是父子相夷也。父子相夷则恶矣。古者易子而教之，父子之间不责善②。责善则离，离则不祥莫大焉。』

【注释】

①夷：伤。

②责善：以善相责备。

【译文】

公孙丑说：『君子不亲自教育儿子，为什么呢？』

孟子说：『情势上行不通。执教者必定要用正道（来管教）；用正道没有成效就会发怒。发怒就会伤害父子感情，「大人以正道教我，自己却不按正道行事。」这样父子间就伤了感情。父子间伤感情就不好。古时候交换儿子来进行教育，父子之间不以善相责备。以善相责备彼此就会产生隔阂，有隔阂是最不好的事。』

第十九章

【原文】

孟子曰：『事，孰为大？事亲为大；守，孰为大？守身为大。不失其身而能事其亲者，吾闻之矣；失其身而能事其亲者，吾未之闻也。孰不为事？事亲，事之本也；孰不为守？守身，守之本也。曾子养曾①，必有酒肉；将彻②，必请所与；问有馀，必曰，「有」。曾死，曾元养曾子③，必有酒肉；将彻，不请所与；问有馀，曰，「亡矣。」——将以复进也。此所谓养口体者也。若曾子，则可谓养志也。事亲若曾子者，可也。』

【注释】

①曾：名点，孔子学生。曾子（曾参）之父。

②彻：通『撤』。

③曾元：曾子之子。

【译文】

孟子说：『侍奉谁最重要？侍奉父母最重要。守护什么最重要？守护自己（的良心）最重要。不失去自己的良心又能侍奉父母的，我听说过；失去了良心又能侍奉父母的，我没有听说过。侍奉的事都应该做，但侍奉父母是根本；守护的事都应该做，但守护自己的良心是根本。从前曾子奉养他的父亲曾，每餐一定都有酒有肉；撤席时一定要问剩下的给谁。曾若问是否还有剩余，一定答道：「还有。」曾死了，曾元养曾子，也一定有酒有肉；撤席时便不问剩下的给谁了；曾子若问是否还有剩余，便说：「没有了。」准备下餐再给曾子吃。这个叫作口体之养。至于曾子，才可以叫作顺从亲意之养。侍奉父母能做到像曾子那样，就可以了。』

第二十章

【原文】

孟子曰：『人不足与适也①，政不足间也②；唯大人为能格君心之非。君仁，莫不仁；君义，莫不义；君正，莫不正。一正君而国定矣。』

【注释】

①适：同『谪（zhé）』，责备。

②间：音jiàn，非议。

【译文】

孟子说：『当政的小人不值得去谴责，他们的政治也不值得去非议；只有大人才能够纠正君主的不正确思想。君主仁，没有人不仁；君主义，没有人不义；君主正，没有人不正。把君主端正了，国家也就安定了。』

第二十一章

【原文】

孟子曰：『有不虞之誉①，有求全之毁。』

【注释】

①虞：料想。

【译文】

孟子说：『有意料不到的赞扬，也有过于苛求的诋毁。』

第二十二章

【原文】

孟子曰：『人之易其言也①，无责耳矣②。』

【注释】

①易：轻易。

②无责耳矣：意思同第二十章之『不足与适』。

【译文】

孟子说：『说话太随便，这人便不值得责备了。』

第二十三章

【原文】

孟子曰：『人之患在好为人师。』

【译文】

孟子说：『人的毛病在喜欢做别人的老师。』

第二十四章

【原文】

乐正子从于子敖[1]之齐。

乐正子见孟子。孟子曰：『子亦来见我乎？』

曰：『先生何为出此言也？』

曰：『子来几日矣。』

曰：『昔者[2]。』

曰：『昔者，则我出此言也，不亦宜乎？』

曰：『舍馆[3]未定。』

曰：『子闻之也，舍馆定，然后求见长者乎？』

曰：『克有罪。』

【注释】

①子敖：王字子敖。

②昔者：昨天。

③舍馆：客舍。

【译文】

乐正子跟着王子敖到了齐国。

乐正子去拜见孟子。孟子问：『你也来看我吗？』

乐正子答：『老师为什么这样说呢？』

孟子问：『你来了几天了？』

答道：『昨天来的。』

孟子又问：『既然昨天来的，那么，我说这话不是很应该吗？』

乐正子说：『住所没有找好。』

孟子说：『你听说过，要等住所找好了才去拜见长辈吗？』

乐正子说：『我错了。』

第二十五章

【原文】

孟子谓乐正子曰：『子之从于子敖来，徒餔啜①也。我不意子学古之道而以饮餔啜也。』

【注释】

①啜：吃喝。

【译文】

孟子对乐正子说：『你跟随着王子敖来，只是为着吃喝罢了。我没想到你学习古人的大道，竟然是为了吃喝。』